なまこのぽんぽん

JUNIOR POEM SERIES

内田麟太郎・詩集
大野八生・絵

もくじ

Ⅲ　すき

I　ききかいかい

ハハだから

ワライカワセミは
わらうときも　ワハハハハハハ
なくときも　ワハハハハハハ

だから
こどもをなくしたワライカワセミは
だれもこないもりのおくでなく

ワ　ハハ　ハハ　ハハ

ワ　ハハ　ハハ　ハハ

はと

はとが　ないてる
くる　くる　くる
さびしいのかな
くる　くる　くる
ともだち　よんでる
くる　くる　くる

ゆき

ゆきも　かえりも
ゆきがふっていた

かえりの　ゆきは
えりに　つもった

おとした　えりまきは
だれかが　ひろっただろう

ゆきおんなが
かおをかくし　ゆきすぎていく

かあさんに

かなしみが
しみになって
のこっている

くるしみが
しみになって
のこっている

だから
あげたい
たのしみ

いいだせなくて

すきやきが　すき。
スキーが　すき。
たまごのきみが　すき。
きみがすきと　いいだせなくて
きょうも　いっている
きみが　わるいのも　すき。

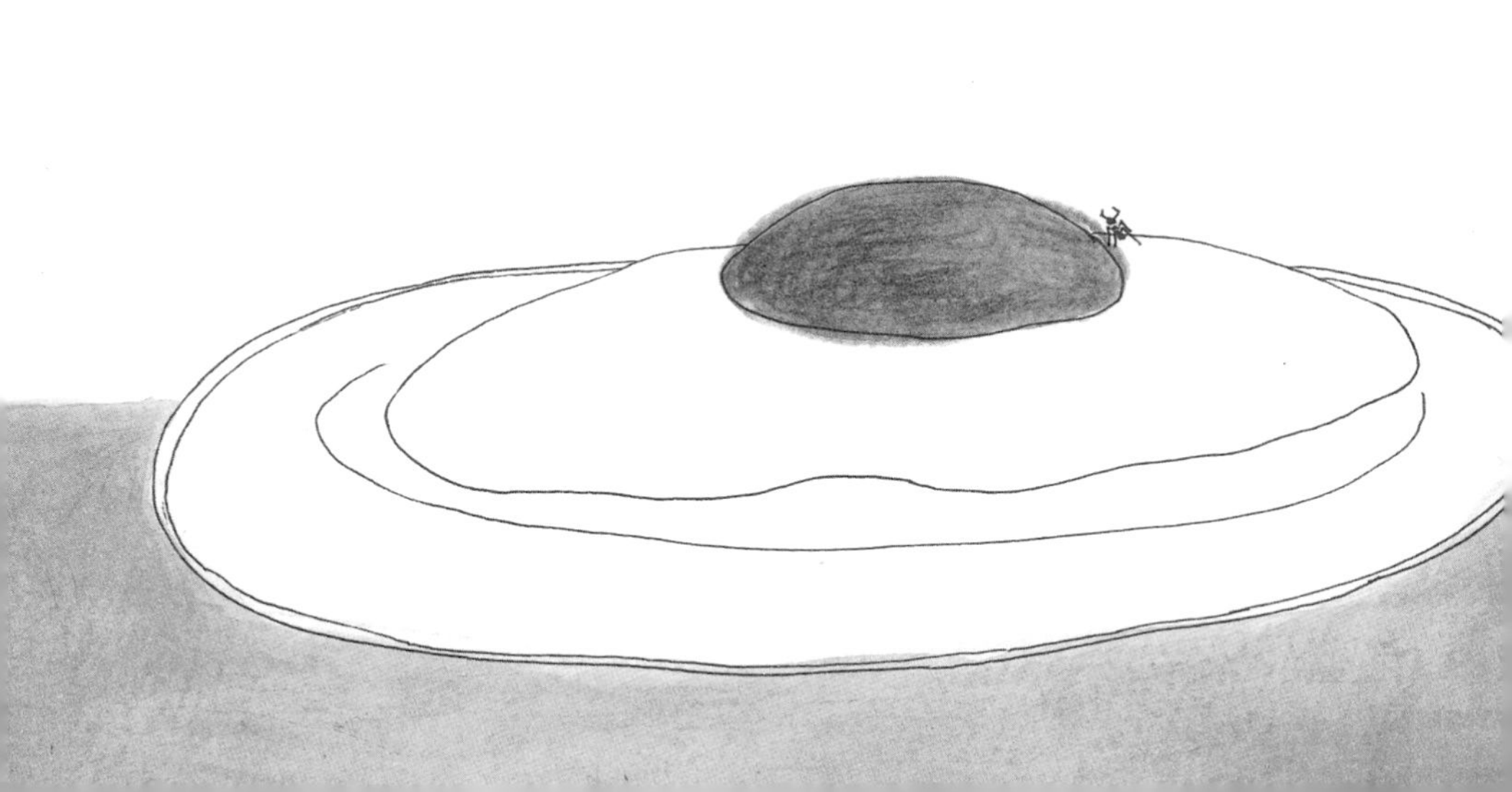

けんかわかれ

ゆきのえきでわかれてきた

ゆきちがい？

ぼくはわたゆきといい
きみはふわふわゆきといい
おなじゆきだったのに

また　ゆきがふってきた
ふわ　ふわ　ふわ
ふわ　ふわ　ふわ
（しったかぶりのあんぽんたん）

なんとなく

カラスは
なんとなくガラスがきらいである
ガラスも
なんとなくカラスがきらいである
ミミズは
なんとなくミミズクがすきである

ミミズクも
なんとなくミミズがすきである
でも
ミミズクは
ミミズがなんとなくのかはしらない

少年

なもないはなのなまえはナズナです
なもないとりのなまえはカワラヒワです
なもないむしのなまえはミイデラゴミムシです
なもないさかなのなまえはヤマベです

ぼくのなまえはヤマダケンタ
なもないものではありますが

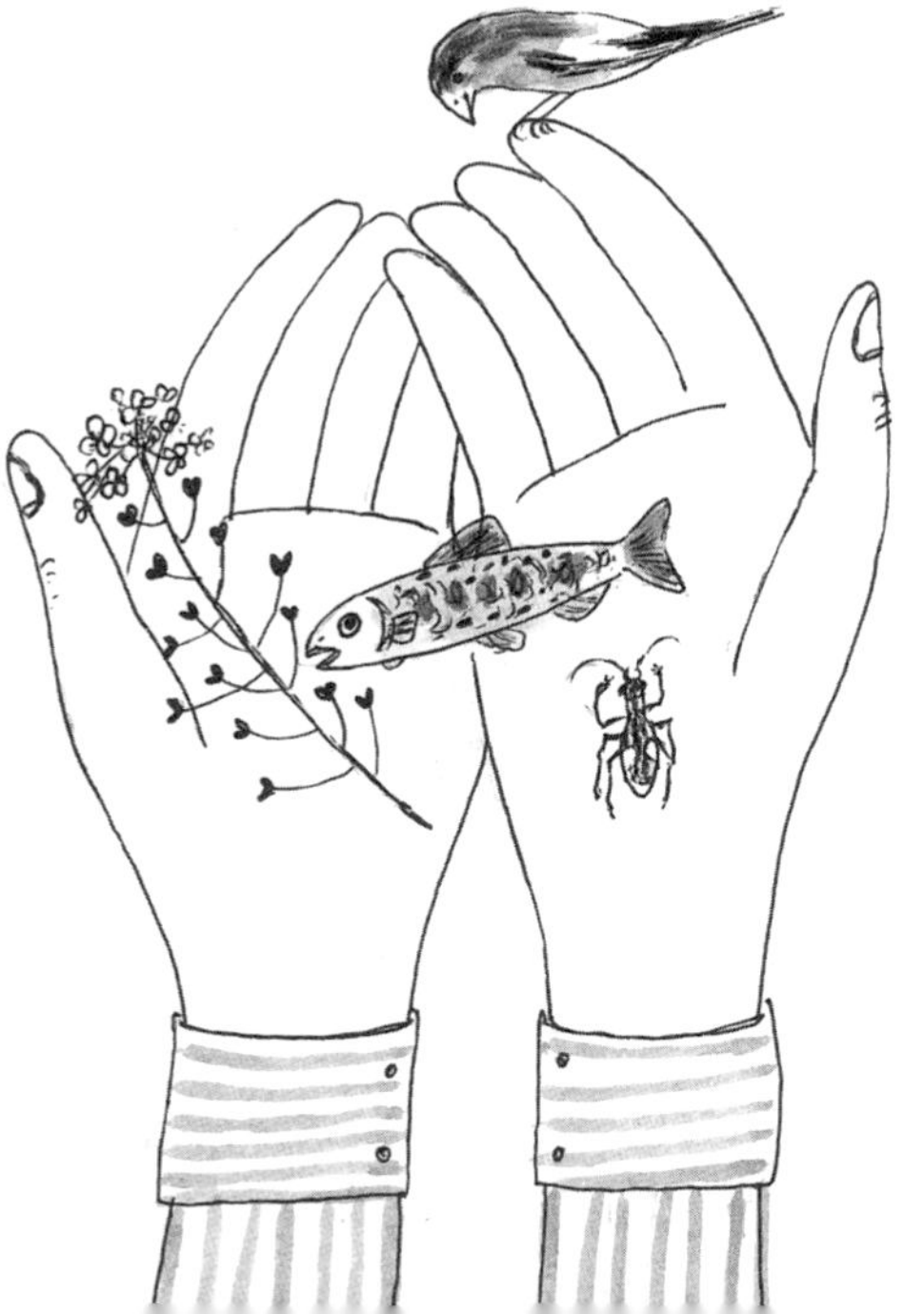

名前《なまえ》

――あれは火星《かせい》。
――あれは金星《きんせい》。
――あれは木星《もくせい》。

ぼくは星《ほし》の名前をつぶやいていく
満天《まんてん》の星の中から

名前をいえた星のなんというすくなさ
夜空は名もない星たちでかがやいている

ぼくは
空いっぱいの星にあいさつする
ぼくの名前ではなく
ぼくたちの名前で
——こんばんは。ぼくはにんげんです。

イカ

ホタルイカは
ホタルを見ると
そっと目をそらした
自分《じぶん》が
——ホタル以下《いか》。
といわれているようで

イカたちは
——以下同文《いかどうぶん》。
と聞《き》こえてくると
聞こえないふりをした

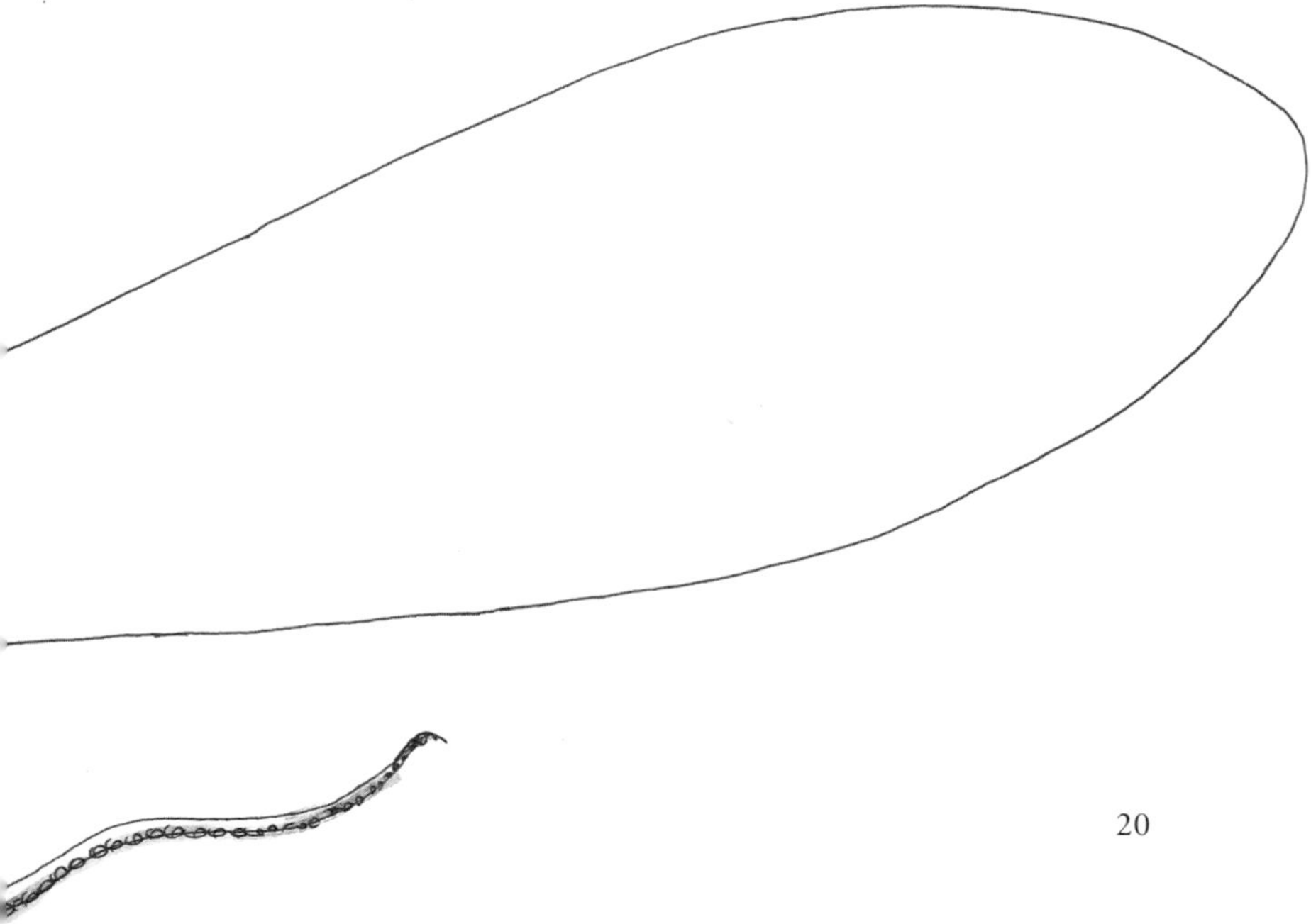

自分たちがはしょられたみたいで
食事《しょくじ》もこそこそとかくれてたべた
――イカのいかもの食い。
とささやかれているようで

――そのつらさはいかばかりであったろう。
タコははらはらとなみだをこぼした
――いかにも。いかにも。
イセエビはおおげさにうなずいた。

スルメはこらえきれずにふきだした
(それからみっちゃんと山へでかけた)

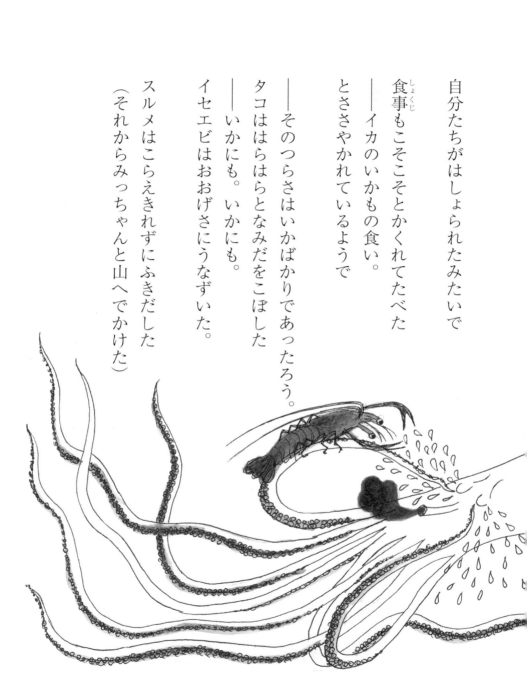

ヒトデ

ヒトデはののしられた
くりかえし
くりかえし
しかたがなかった
そのとおりだったから

――ヒトでなし！

うみねこ

ねこは
とりになりたかったのだろうか
まいにちおさかながたべられるから

うみねこがないている
かあさんをよんで

ねこはふりかえらない
どのねこも

うみでねこがないている

とり

とり
うっとりして
とりみだした
とりみだして
とりかえしのつかないことをいった

——とりあえず　きみでも。

とり
また
ひとり

こい

こいは　こいに　うんざりしている
あちらも　こい
こちらも　こい
（なにが　こいは　いのちだ）
こいは　あいたい
たいに
こいは　こらえきれずに　さけぶ
タイに　むかって
——たいに　あいた〜い。

こいかしら

かえる

かえるは
かえるあてがなくても
——かえる。
というのである

あるきくたびれたら
おちばにもぐりこみ
ねむるのである

いけにであえば
いけに

とびこんでねむるのである
あながあれば
あなにもぐりこんで
ねむるのである

かえるところはいくらでもある
だから
あちらでもかみさまにいうのである
——かえる。

すぐにいきかえるのもむりはない

真実《しんじつ》

カエルは
すぐに「帰《かえ》る」
といいたがるというのはうそです
カエルは
やたらとひっくり返《かえ》る
というのもうそです

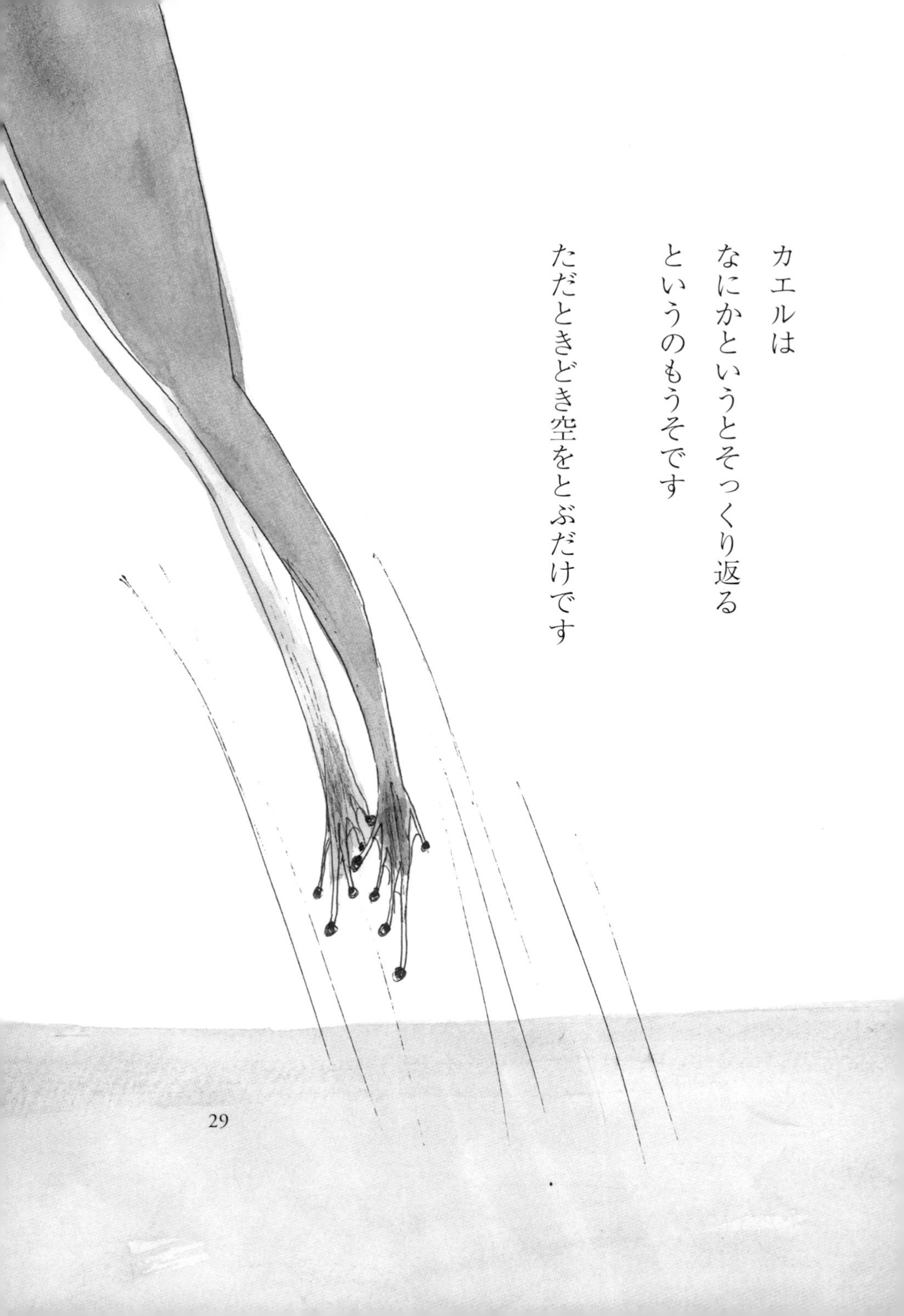

カエルは
なにかというとそっくり返る
というのもうそです

ただときどき空をとぶだけです

カエル

——かえる？
と聞《き》かれて
——買《か》える。
と意地《いじ》で虎皮《とらかわ》を買ってきた

——かわず？
と聞かれて
——買わず。
とアオムシの燻製《くんせい》をあきらめてきた

――かえる？
ときかれて
――帰《かえ》る。
と帰ってきた
もっといたかったのに
みよちゃんち

はる

れんげばたけで
おひるねしてたら
　もなもねもな〜ん
　もなもねもな〜ん
からだがういてきた

ねこのみぃもいっしょに
　もなもねもな〜ん
　もなもねもな〜ん

おばあちゃんもいっしょに
もなもねもな～ん
もなもねもな～ん

かげろうでんしゃが
もなもねもな～ん
もなもねもな～ん

ぽつんと

ちんたらちんたら
タラが
でたらめにおよいでいたら
——出たら芽《め》！
と芽が出てタラの芽になった
——でたらめにもほどがある！
神《かみ》さまはかんかんにおこり
タラの芽をアンタラにした
アンタラはひとりでいても

——アンタラ。
とよばれさびしかった
さびしくて空を見上げると
タライもぽつんと浮《う》いていた

ききかいかい

ホラガイに
――うそつきかい？
ときくと
――1かい。
とにやりとわらうって
まほうつかいに
――ほんとうかい？

ときくと
——かけられたいかい。
とにらむって

（それはそうかもしれないけど）

かおりちゃんがとおる
ぼくののうみそ
くうちゅうぶんかい

み

うらみ
つらみ
ねたみ
そねみ
やっかみ
ひがみ
（やりきれん）
ねずみはなまえをかえた

のぞみ

うれしくて

ぶんぶんぶん
鉢《はち》がとぶ
こいぬのまわりを　鉢がとぶ

ぶんぶんぶん
8がとぶ
こねこのまわりを　8がとぶ

ひゃくてんとれたよ
ぶんぶんぶん
わたしのまわりを　橋《はし》がとぶ

Ⅱ

まるい地球《ちきゅう》

麦笛《むぎぶえ》

ヒバリは空に
ぼくはレンゲ畑《ばたけ》に
ヒバリはさえずり
ぼくはねむる

ヒバリはどこに？
麦畑《むぎばたけ》に？

ぼくはどこに
ゆめのなかに
ねんねのうたをきいている
だれかのひざできいている

ともだち

パンダはパンダ
リンゴじゃない
リンゴはリンゴ
ワニじゃない
ワニはワニ
ぼくじゃない

ぼくはぼく
きみじゃない
きみはきみ
ぼくじゃない

ちがっていたから
であえたね

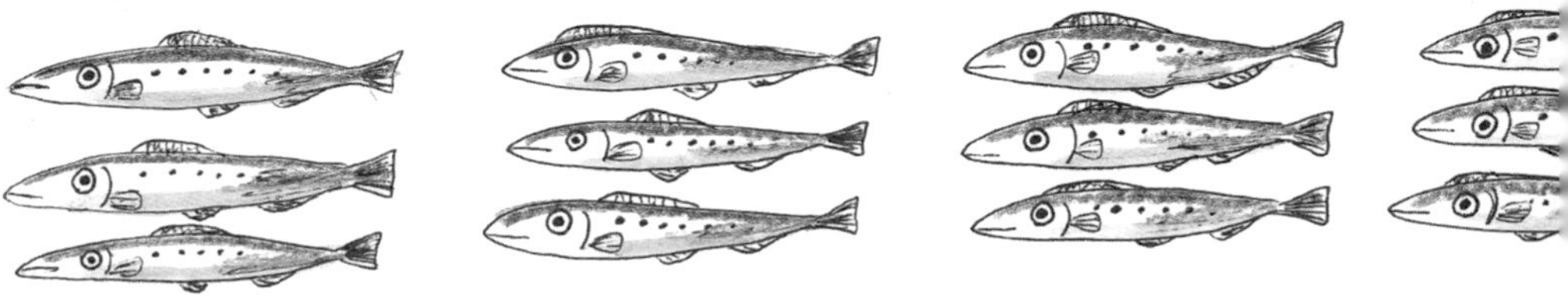

空

鰯雲《いわしぐも》の海　白い船《ふね》がすべっていく

かげろう

地球《ちきゅう》があくびをしている

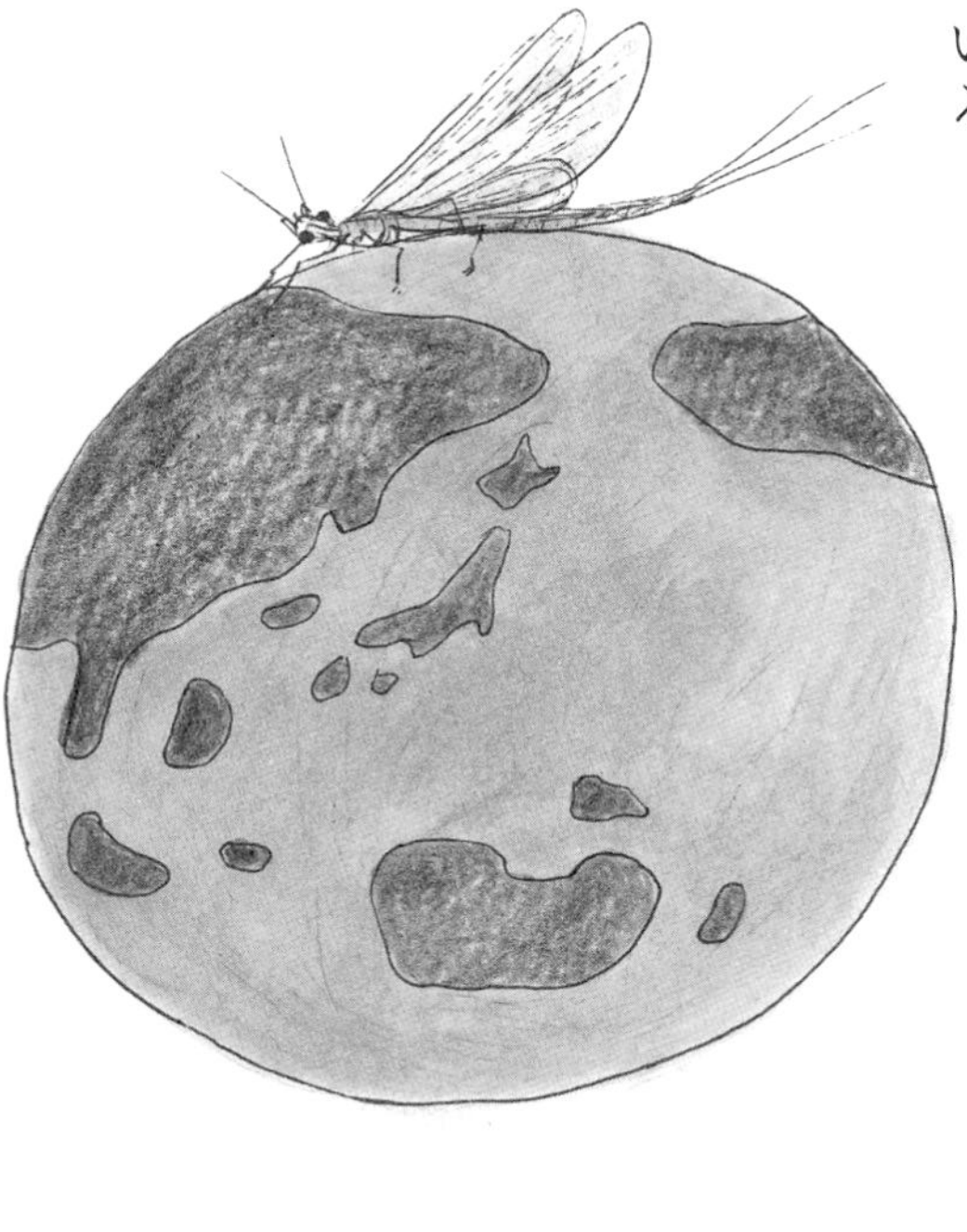

雨……(1)

帰りたくないから
少年は雨をみつづけていた
ツバメはひくくとびつづけ
雨はやまなかった
少年はもうどこにもいない

雨をみつづけると
雨になるという町がある

雨…(2)

だれにも見られたくないから
雲にもぐりこんで
鬼《おに》はないている

そんなにないたら
なみだが雨になり
ふってくるのに

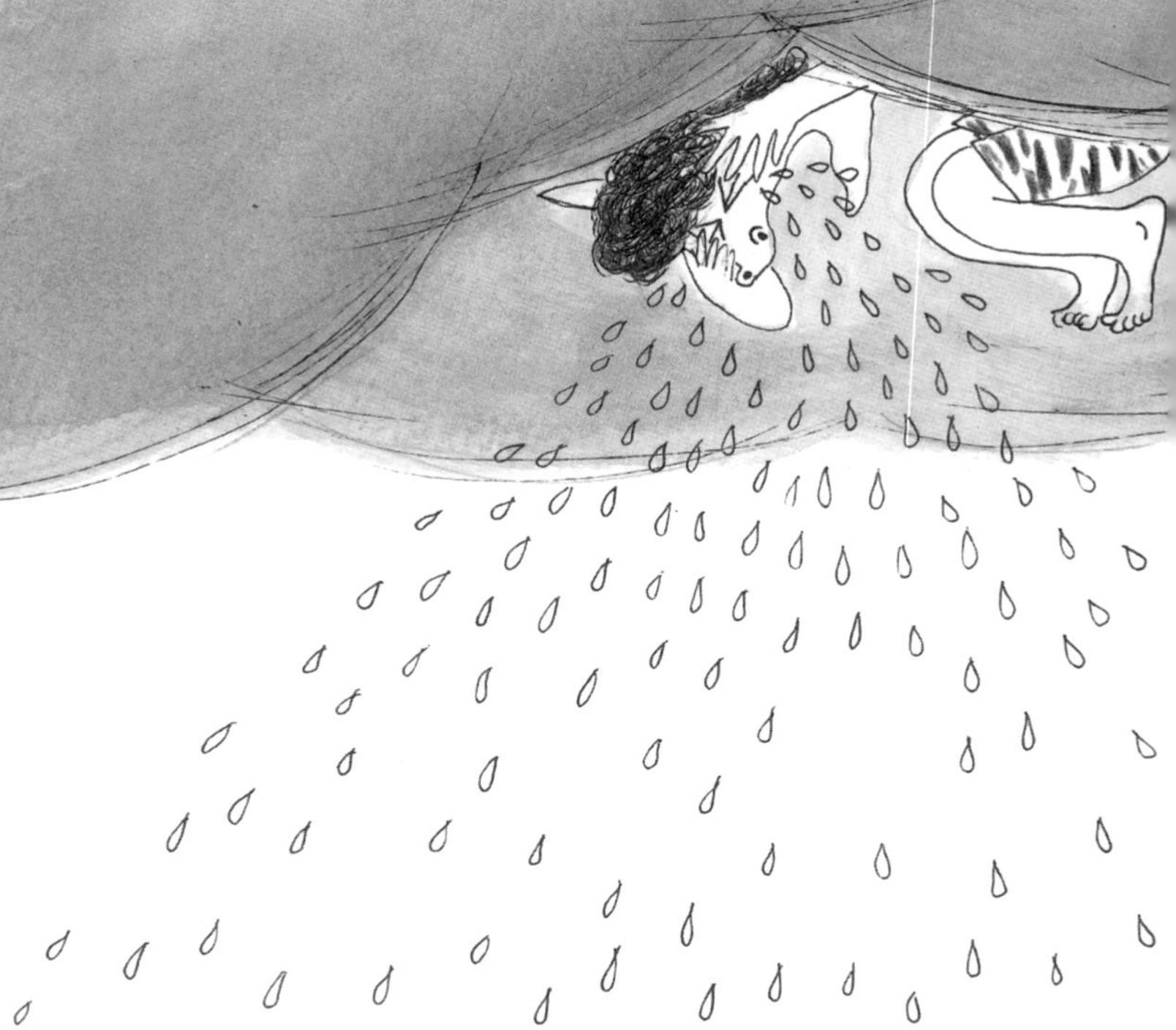

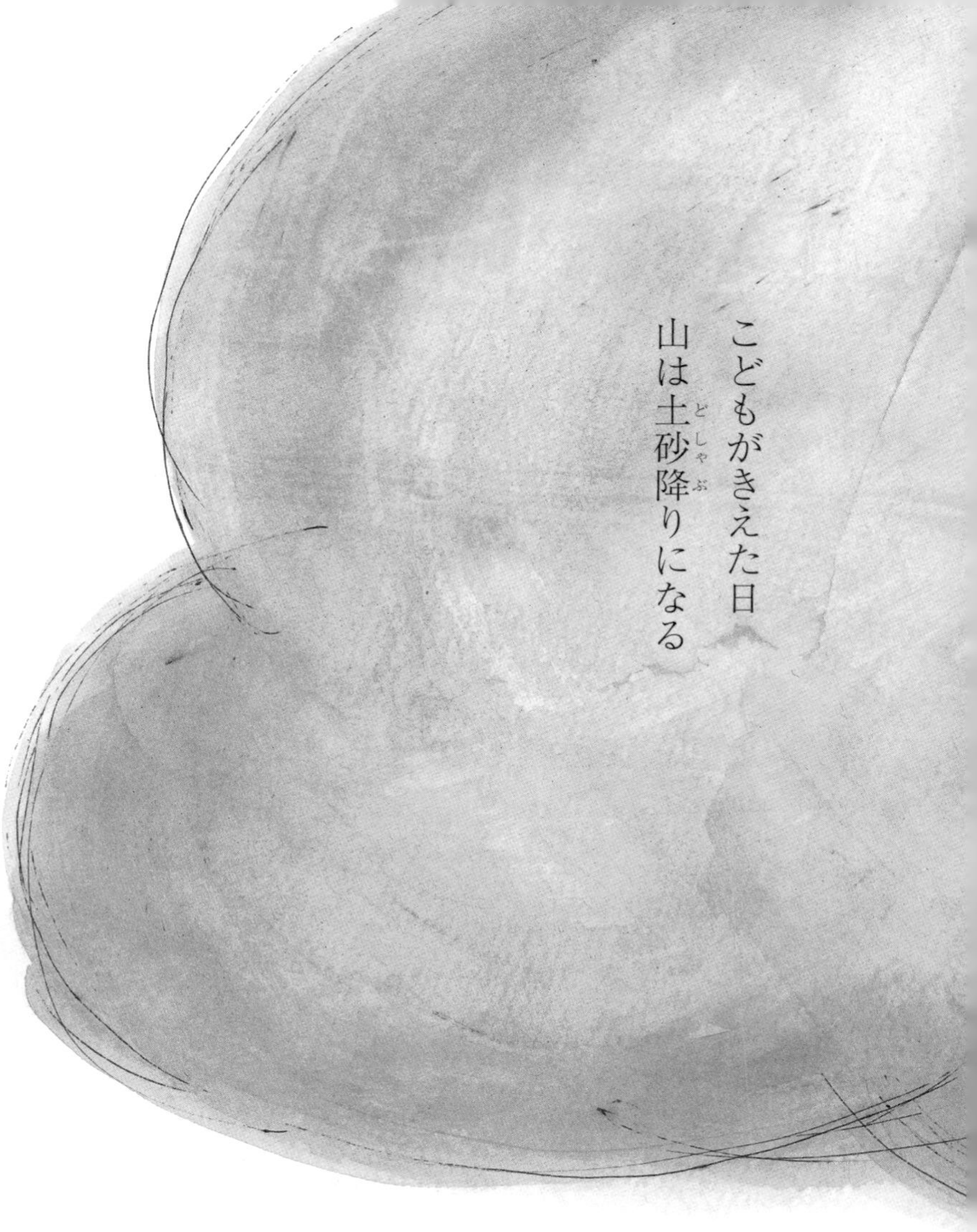

こどもがきえた日
山は土砂降《どしゃぶ》りになる

くも

きのうは
ゾウのむれがひっこしていった
おとといは
キリンが二とう
あのひは
ゾウアザラシがいた

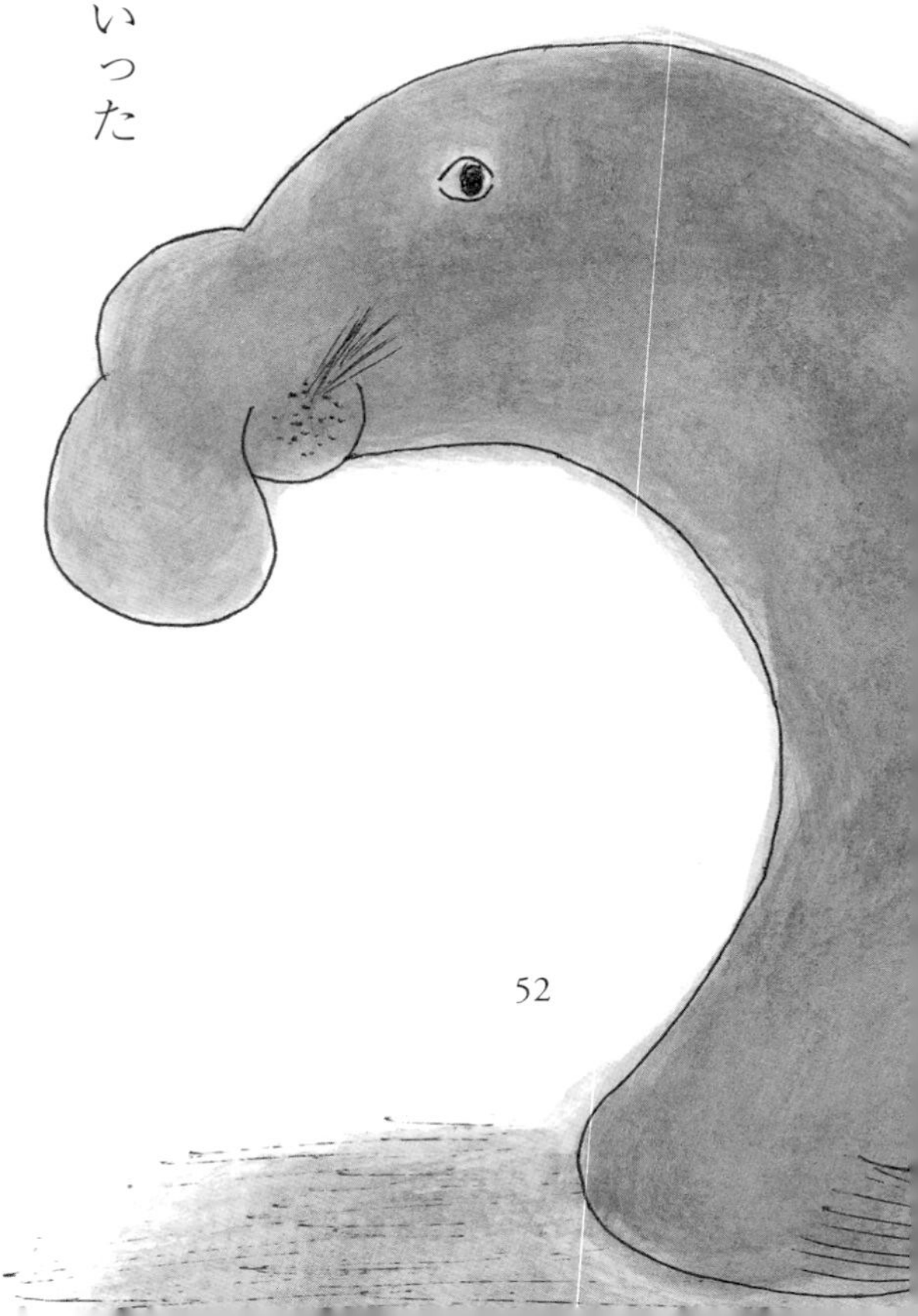

――こんにちは。

――こんにちは。

おとうさんのこえがかえってきた

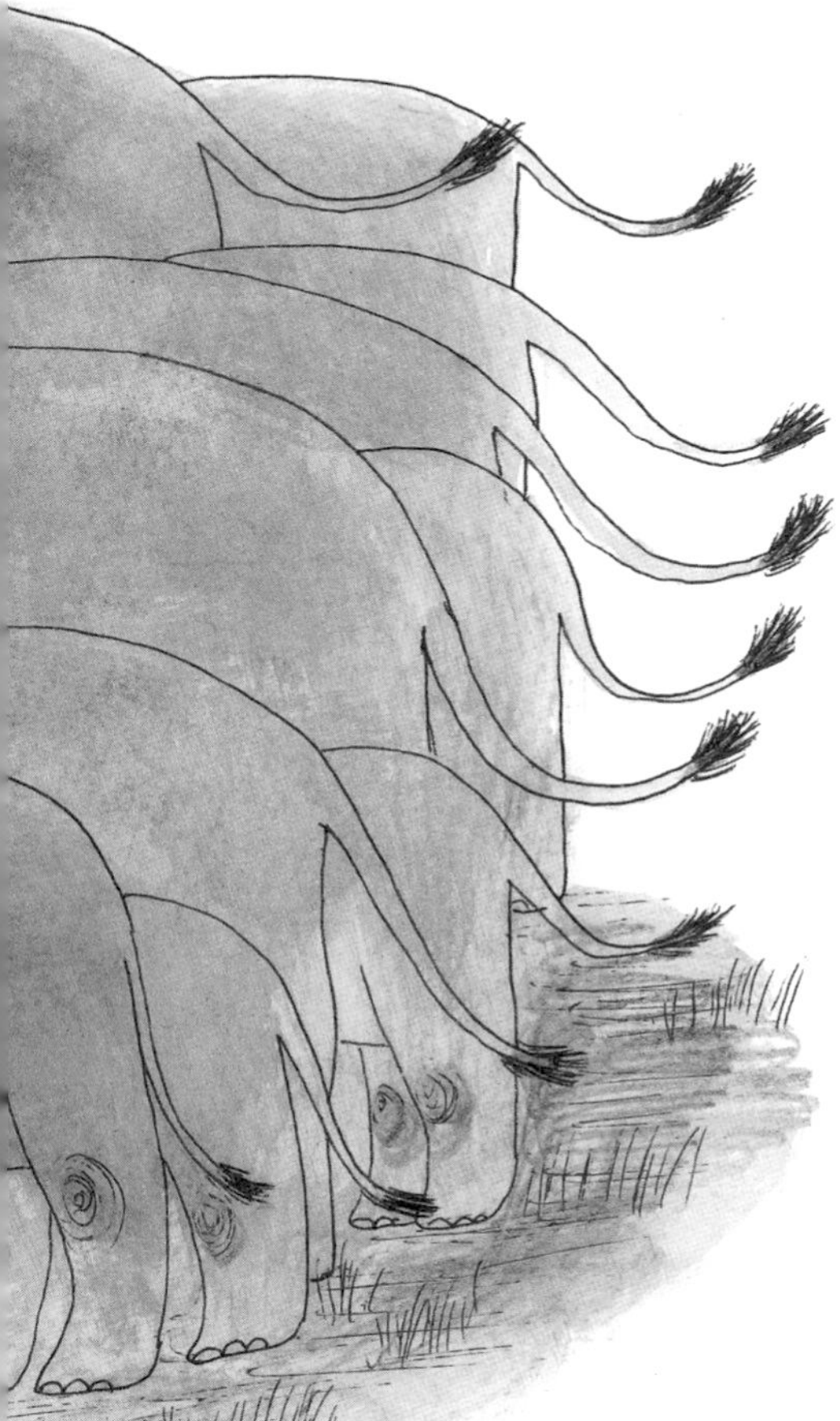

うた

ちいさい雲《くも》が
ちいさなカバに
ちいさな雨をふらせている
ちいさな虹《にじ》をこしらえながら

かみさまかしら
みえないうたがきこえてくる

どうぶつえん

キリンがとおくをみている
ビルがじゃましてみえっこないのに
それでも
キリンはとおくをみている
かぜのふきわたるサバンナを
キリンはじっとみつめている
とうさんも
じっとこちらをみつめているから

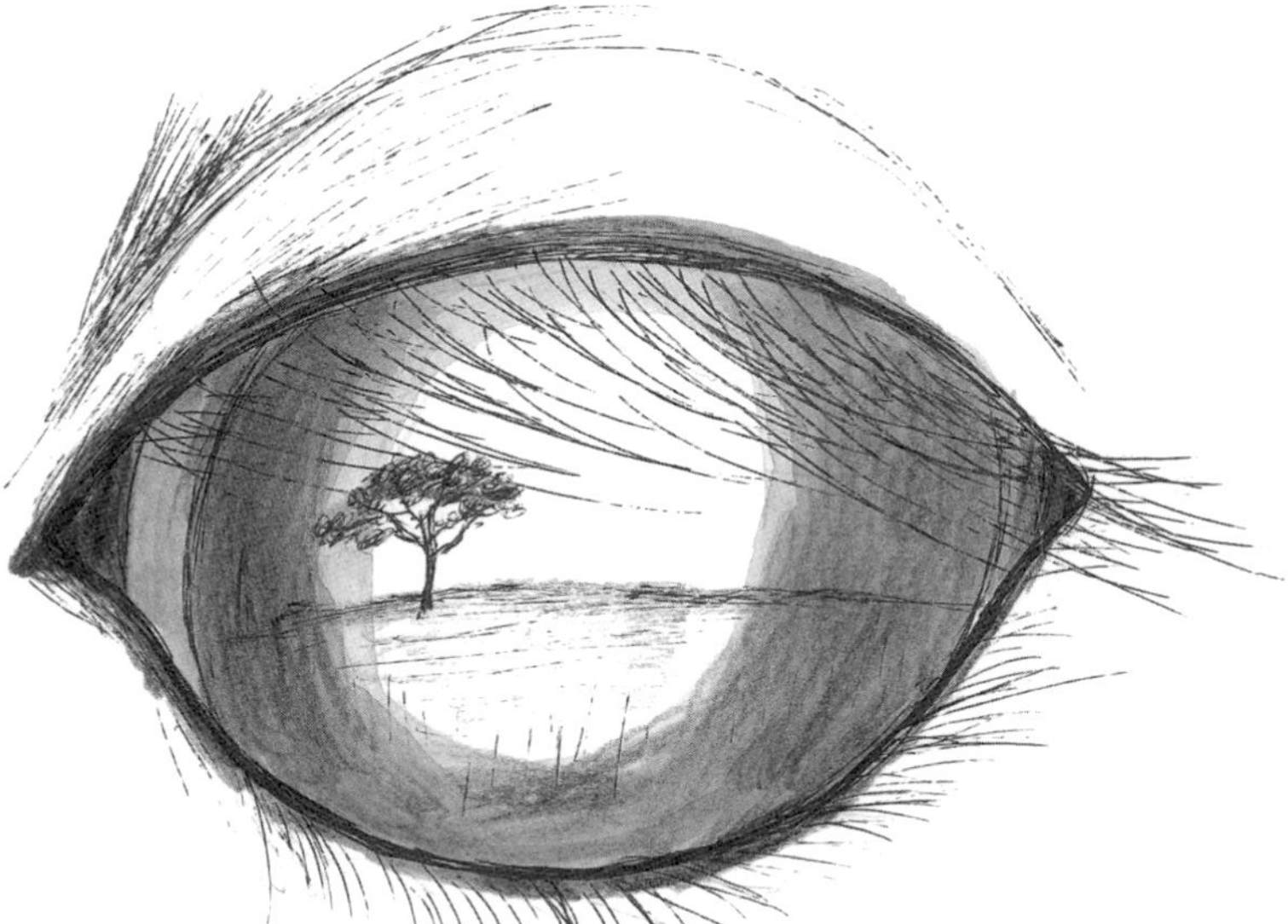

まるい地球《ちきゅう》

地球はまるいから
白鳥《はくちょう》は見えない湖《みずうみ》にもたどりつける
ただなかまと飛《と》んでいけば

地球はまるいから
ミサイルは見えない国《くに》へもとんでいく
見たこともない者たちの上へ

地球はまるいから
どんなに遠《とお》くてもぼくは歩《ある》いて行く
いつかかならず会《あ》えるから

まだ見ぬ人に会うために
まだ見ぬ人とわらうために

わたしが

ワニはおかあさんをしらない
ひとりだけでたまごからかえったから
ワニはおかあさんをしらない
でもぎょうぎよくシマウマをたべられる
ワニはおかあさんをしらない
でもすきなひとにすきといえる

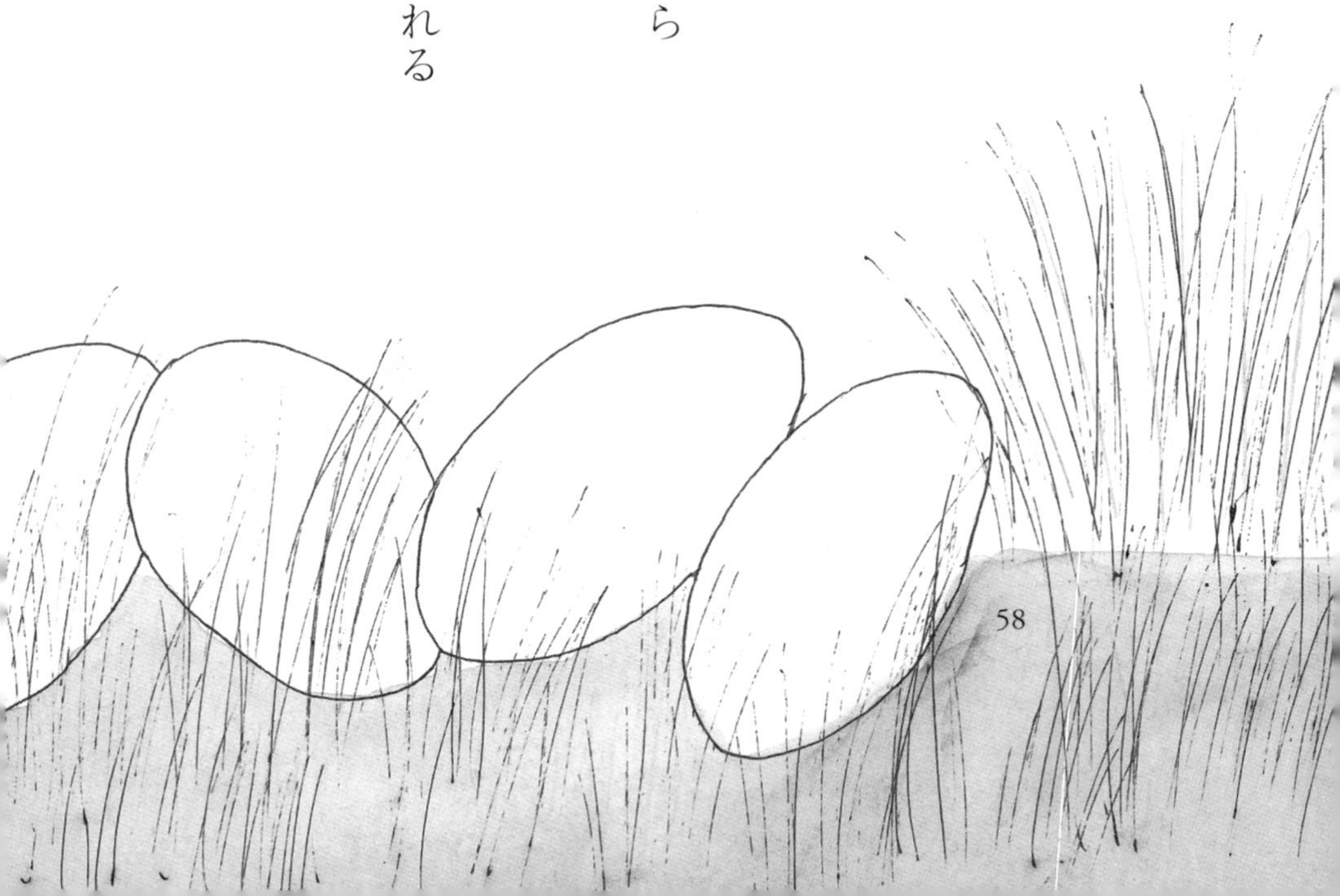

ワニはおかあさんをしらない
でもすきなひとのたまごをうめる
それからワニはたまごにささやく
――わたしがおかあさんよ。

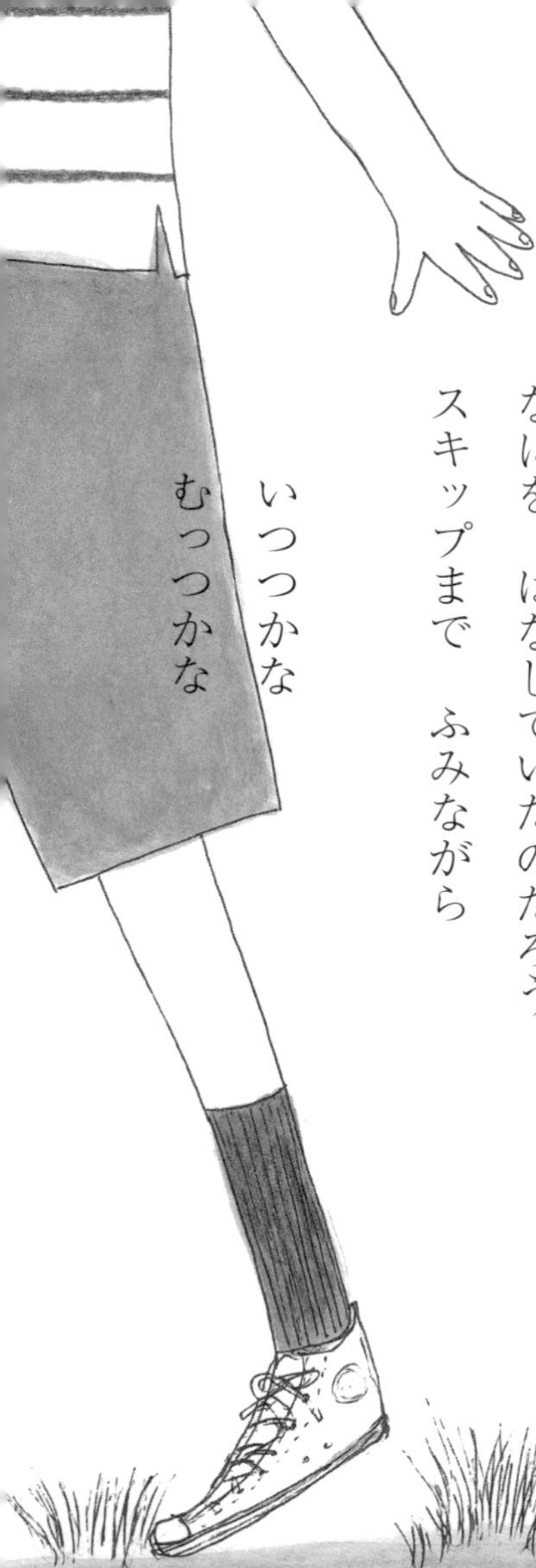

ゆうやけ

わらいながら　あるいていた
はなしながら　あるいていた
おとこのこが　おかあさんと
あかねいろに　そまりながら
なにを　はなしていたのだろう
スキップまで　ふみながら

いつつかな
むっつかな

むっつかな
いつつかな

むっつが　ななつになり
ななつが　やっつになり
いつか　きみの　こころが
いかりの　ひといろに　そまりかけたとしても
うらみの　ひといろに　そまりかけたとしても

きみはかならずもどっていけるだろう
あのゆうやけのいろさえおもいだせたら

こえ

ゾウははなすことができる
森《もり》のむこうの森にいるなかまとも
クジラもはなすことができる
海のむこうの海にいるなかまとも
ひとにはきこえない声だけれど
遠《とお》くまでとどく声で

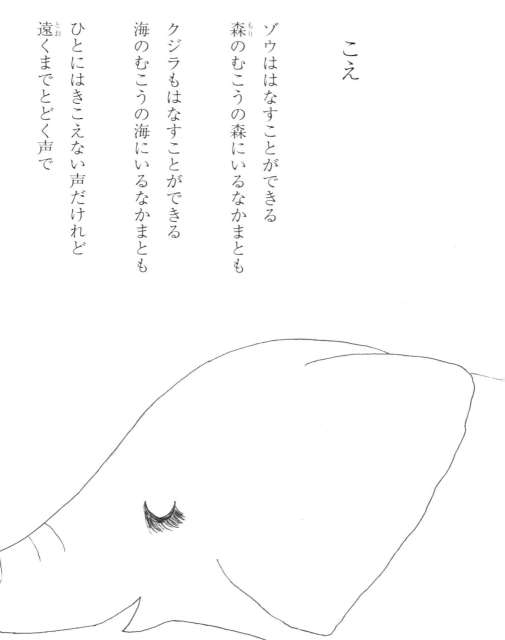

ぼくもはなしている
遠くまでとどく声で
きのう星《ほし》になったおとうさんと

さびしがり

クラゲは
もともとなきむしのようだが
オオカミウオが
こっそりないているのは
ノコギリザメがしっている
ノコギリザメがないているのは
マンボウがしっている

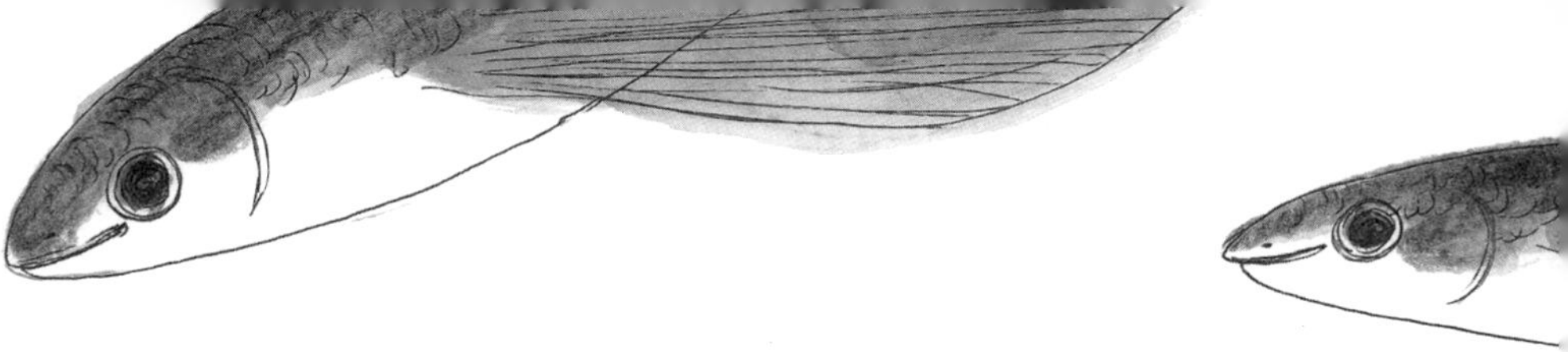

マンボウがないているのは
トビウオがしっている
トビウオがみえぼうなのは
おひさまがしっている
なきたくなると
トリのまねしてとんでいる

足《あし》

ヘビはヘビでうれしかった
ワニみたいに足がなくて
（ぶかっこうな歩《ある》きかた）

――なまいきなカメめ！
ヘビはおもわず
カメに足げりをくらわした
（……ない）

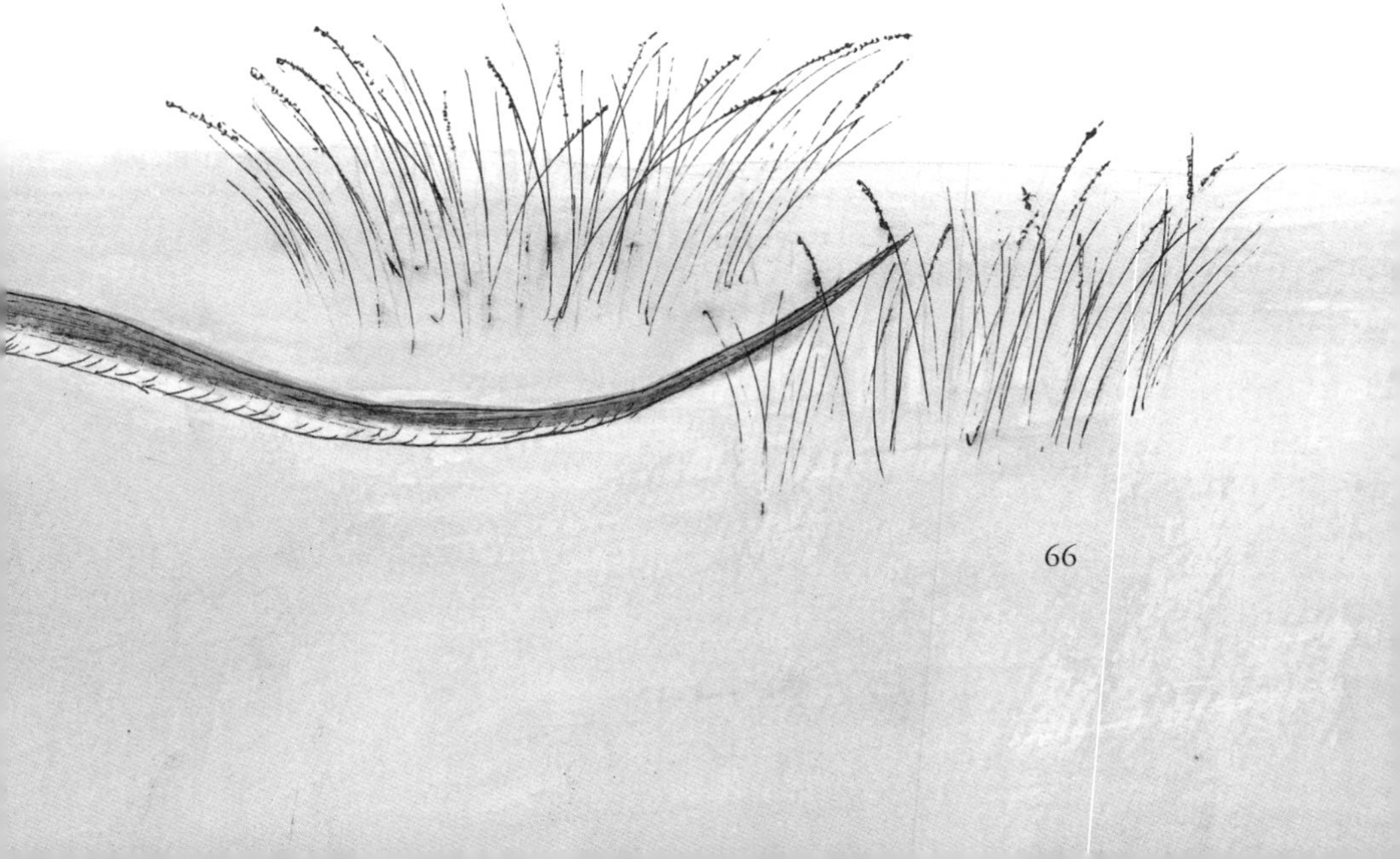

ヘビは
だれもけとばさず
だれもなぐらず
一生《いっしょう》を終《お》えた
――だれにでもできることではない。
ワニはつぶやいた

ゆめ

ナマコはおよがなかった
――およごうよ。
といくらタイがさそっても
ナマコはあるかなかった
――あるこうよ。
といくらタコがさそっても

うみのそこで
しおにゆられながら
ゆめをみていた
しおにゆられながら
ゆめをみているじぶんを

だから
ナマコは
だれよりもしあわせだった
しあわせすぎて
ときどきサロマ湖《こ》になった

なんとなく

なんとなく目を上げたら
夕焼《ゆうや》けの空に
イスがういていた

——イスもうかべるの？
——ああ、なんとなくな。
イスがこたえた

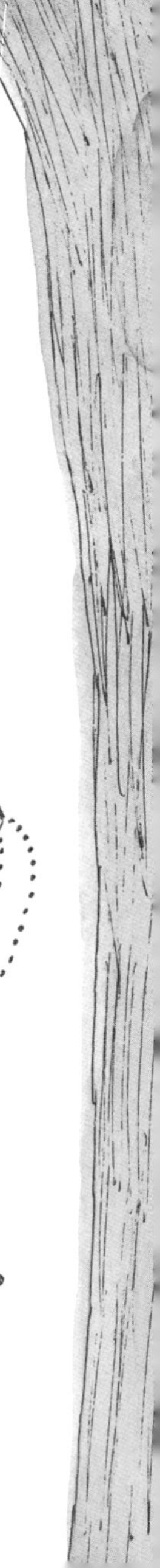

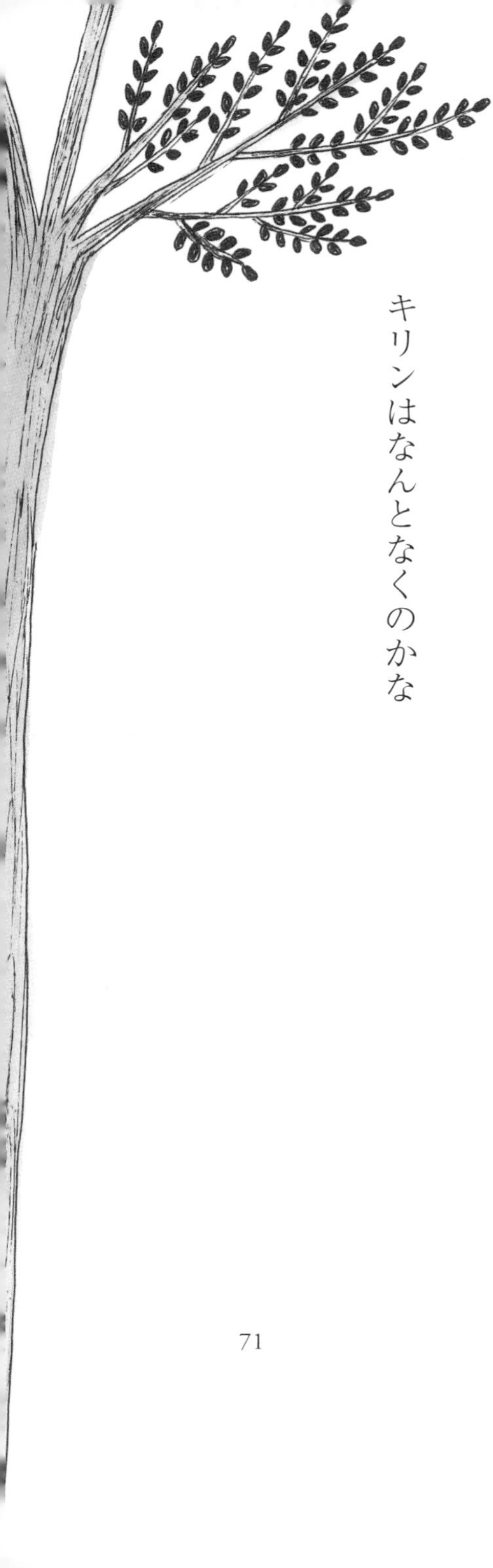

ミカちゃんがあるいてくる
なんとなくはずかしくて
ぼくはうつむいた

いきすぎて
なんとなくふりかえると
ミカちゃんもふりかえっていた

キリンはなんとなくのかな

やまびこ

さびしくて
キツネはあっちの山にむかってないた
——こーん。

——こーん。
声《こえ》がかえってきた
キツネはうれしくてまたないた
——こーん。
——こーん。

キツネはいなくなった
あっちの山の
ともだちにあいにいったのだろう

ピヨピヨ

木も雲《くも》もうごかない
タヌキはたいくつで
むかいの山にどなった
——だまってんじゃねえー。

——うるさーい。
山が立《た》ち上《あ》がった
タヌキは白目《しろめ》をむき
気をうしなった

だれもたいくつしているんだなぁ
イノシシが一列《れつ》　空を飛《と》んでいく
ピヨピヨと鳴《な》きながら

はる

いびきのたびになだれがおきる
春眠《しゅんみん》不覚暁《あかつきをおぼえず》
（はるというのはねむたいものだ）
雪男《ゆきおとこ》はねむったばかり

ひるね

たぬきがねむっている
ほどよくぬくもったいわのうえで
いわはそうっとにげだす
（だって　おねしょするんだもん）
たぬきはちゅうにういている
かみさまもおひるねちゅう

きもち

鰯《いわし》の日干《ひぼ》しが
かすれた声《こえ》でうたっている
うみはひろいな
おおきいな

雨にぬれた鰯の日干しが
ふやけた声でうたっている
うみはひろいな
おおきいな

郵便はがき

恐れいりますが
切手をお貼りください

248-0017

神奈川県鎌倉市佐助 1-10-22 佐助庵

㈱ 銀の鈴社

ジュニアポエムシリーズNo.291

『なまこのぽんぽん』

担当 行

下記個人情報につきましては、お客様のご意見・ご要望への回答ならびに銀の鈴社書籍・サービス向上のために活用させていただきます。なお、頂きました情報につきましては、個人情報保護法に基づく弊社プライバシーポリシーを遵守のうえ、厳重にお取り扱い致します。

ふりがな お名前 （男・女）	お誕生日 年　月　日
ご住所 （〒　　　　　） TEL	
E-mail	

☆ **この本をどうしてお知りになりましたか？** （□に✓をしてください）

□ 書店で　□ ネットで　□ 新聞、雑誌で（掲載誌名：　　　　）

□ 知人から　□ 著者から　□ その他（　　　　）

★ Amazonでご購入のお客様へ　おねがい★

本書レビューをお願いいたします。

読み終わった今の新鮮な気持ちが多くの人たちに伝わりますように。

ご愛読いただきまして、ありがとうございます

今後の参考と出版の励みとさせていただきます。
（著者へも転送します）

本書へのご意見・ご感想をお聞かせください

著者：内田麟太郎さんへのメッセージをお願いいたします

※お寄せいただいたご感想はお名前を伏せて本のカタログやホームページ上で使わせていただくことがございます。予めご了承ください。

ご希望に✓してください。資料をお送りいたします。▼

本のカタログ □野の花アートカタログ □個人出版 □詩・絵画作品の応募要項

ゲラを先読みした 読者の方々から

「本のたんじょうに たちあおう」

～ 好きな作品と感じたこと ～

・詩「どうぶつえん」

目には見えなくても、思いが伝わることはあるし、勘が働くこともあると共感できます。

・詩「足」

丸くなって生きる —— 諦めか悟りかわからないけど、ワニはいい意味で解釈したのですね。

[詩集全体を通して]

感性で書かれた詩で、この人にしか書けないと思います。言葉遊びが散りばめられた楽しめる詩集です。読む人によって解釈が違っても許される自由を感じます。

(P.N.リオ/ 50代/女性)

※上記は寄せられた感想の一部です※

ジュニアポエムシリーズNo.291
内田麟太郎 詩集
大野八生 絵

『なまこのぽんぽん』

銀の鈴社刊

はらぺこ野良猫《のらねこ》が
鰯の日干しをさらっていった
（なんとおいしそうに食《た》べてくれるんだろう）
猫《ねこ》はまいにち海を見に行ってくれる

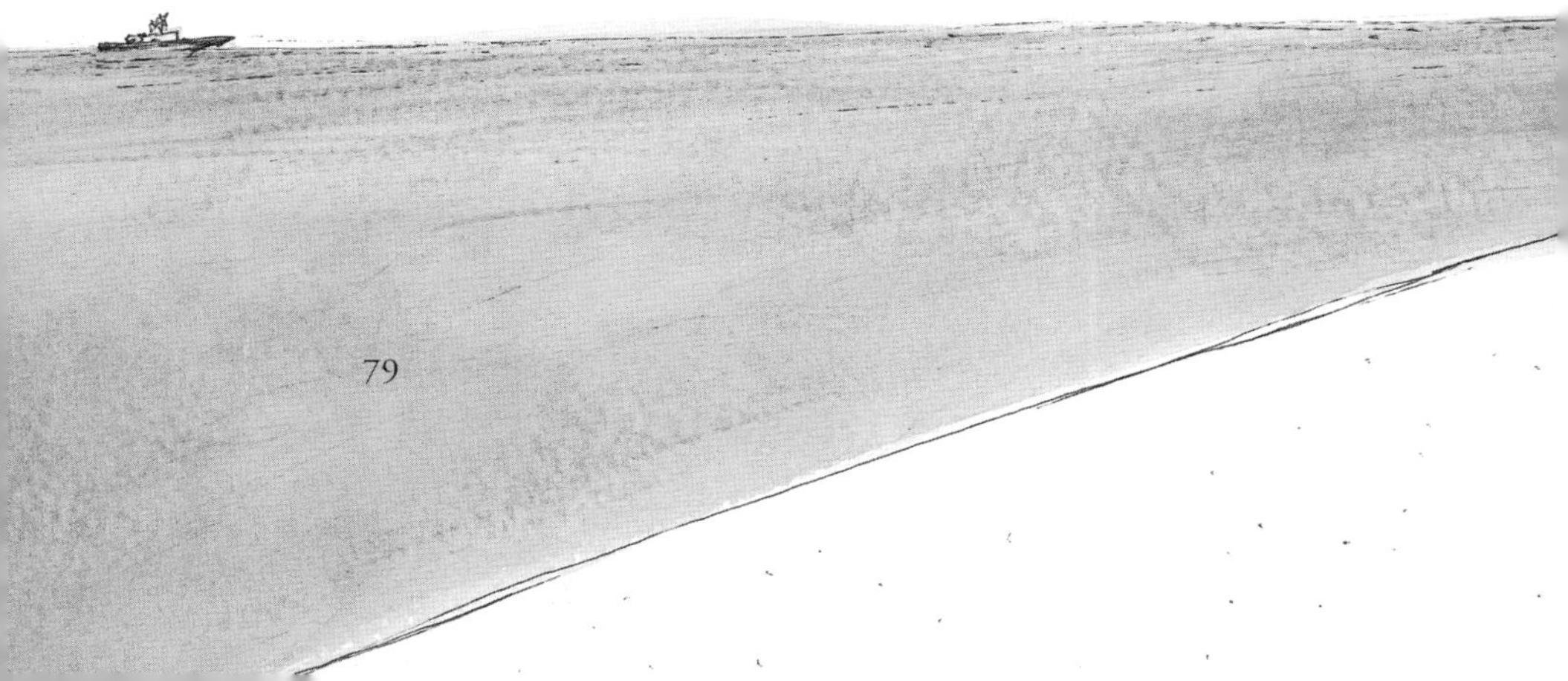

そうかしら

厳寒《げんかん》の真昼《まひる》
岩《いわ》が湖《みずうみ》へ転《ころ》げ落《お》ちていった

岩はしずまなかった
（こんな　つめたいところに）

春が来て
岩はゆっくりしずんでいった

（ありえん！）
カラスは湖底《こてい》の岩にどなった
——ホー　ホケキョ。

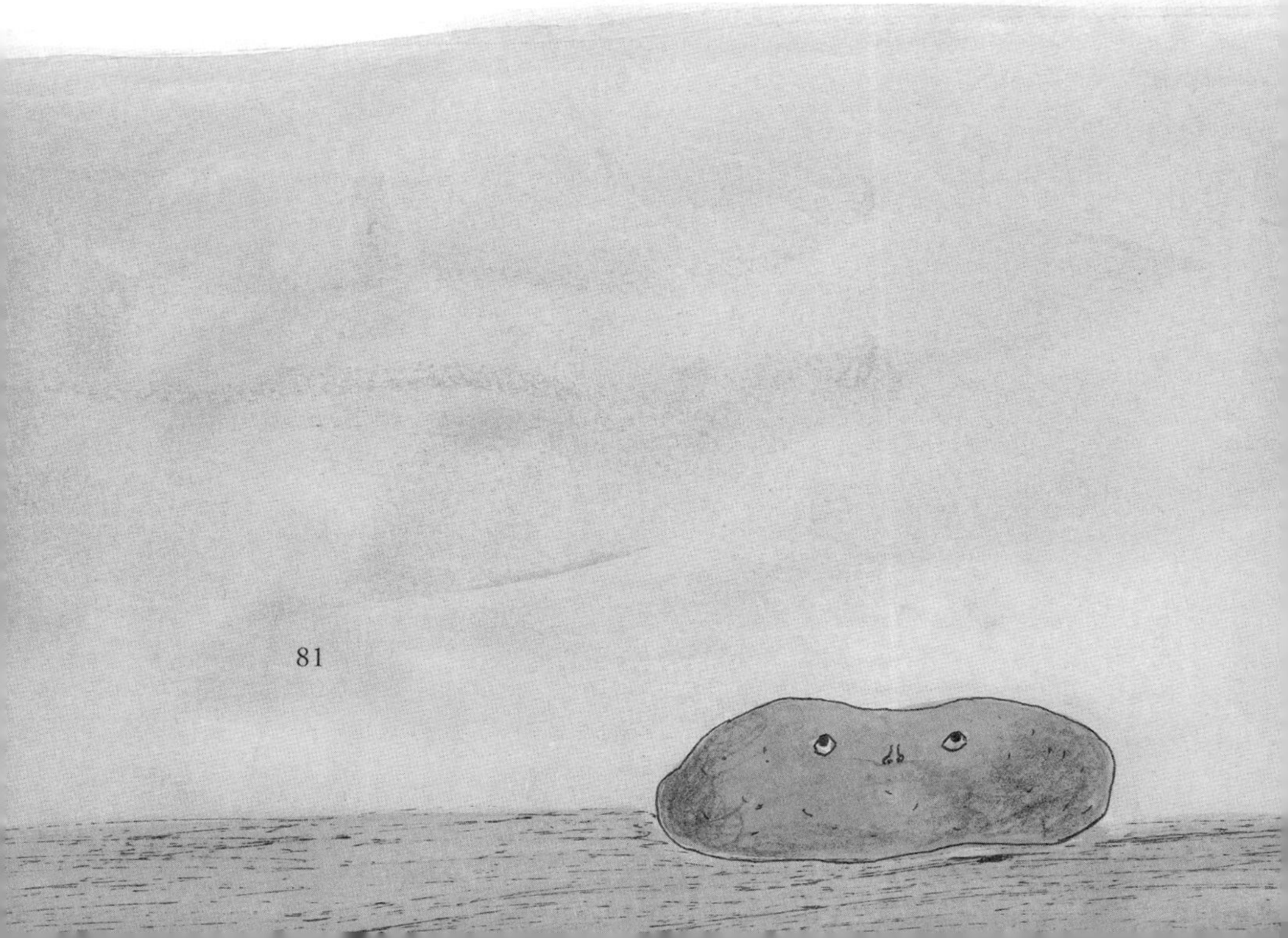

鹿《しか》

聞《き》こえていなかった音が
聞こえてくる
車《くるま》の走《はし》る音が

窓《まど》へ目をやると
町《まち》が雨《あめ》にぬれはじめている

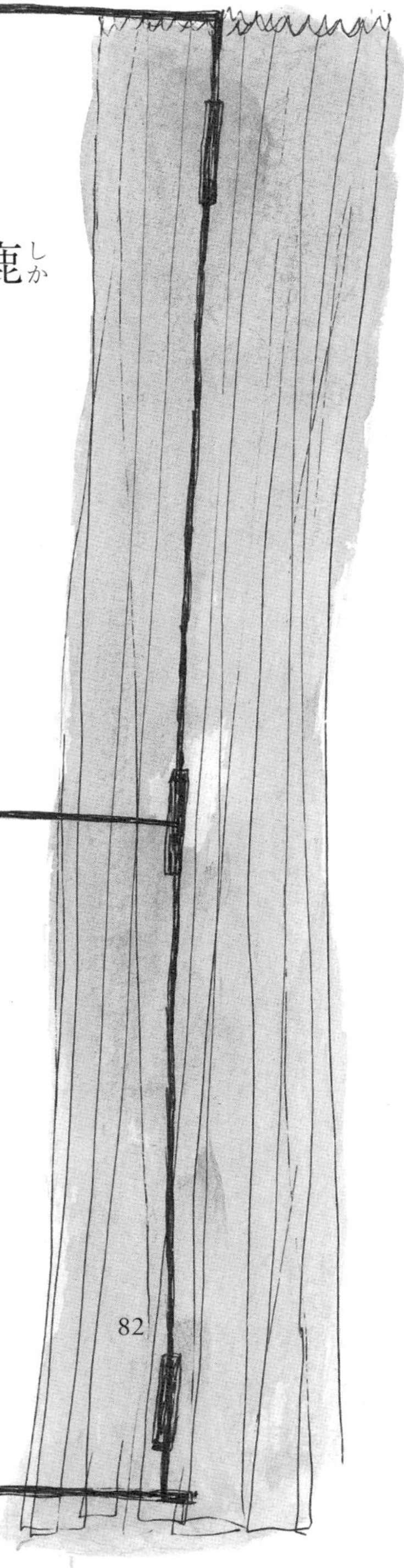

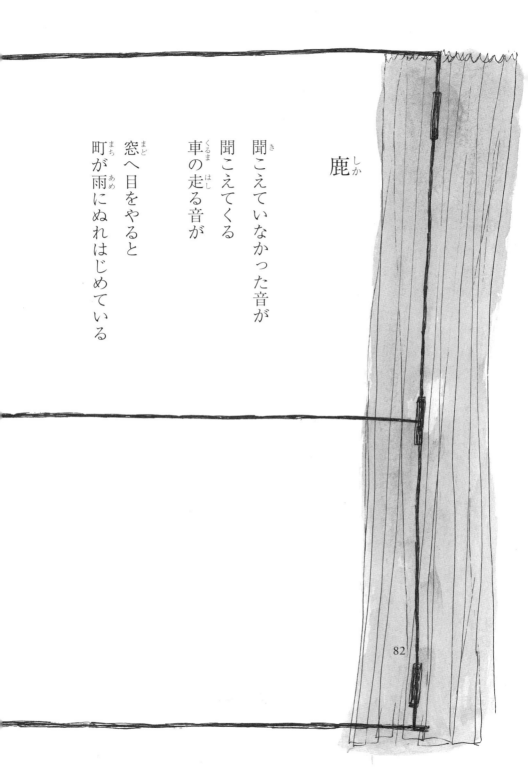

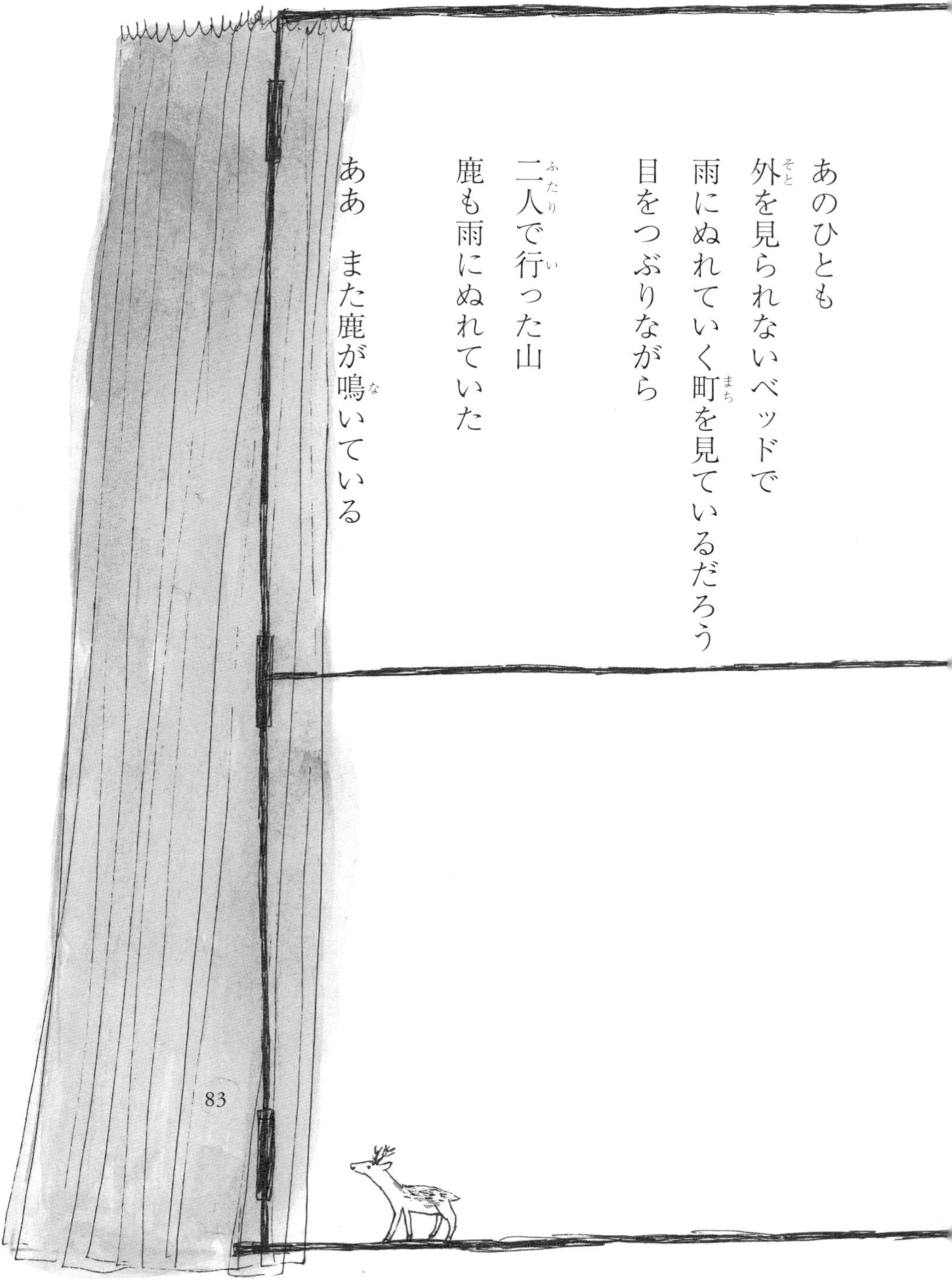

あのひとも
外《そと》を見られないベッドで
雨にぬれていく町《まち》を見ているだろう
目をつぶりながら

二人《ふたり》で行《い》った山
鹿も雨にぬれていた

ああ　また鹿が鳴《な》いている

そっと

イノシシは
空にうかべないから
湖《みずうみ》にうつる雲《くも》のうえに
そっとすわっている
まるで
うごいたらしずむかのように

鳥

だれもいない島《しま》にうまれたから
その鳥はうたをしらない

だれもいない島にうまれたから
その鳥はさびしさをしらない

だれもいない島にうまれたから
その鳥は鳥をしらない

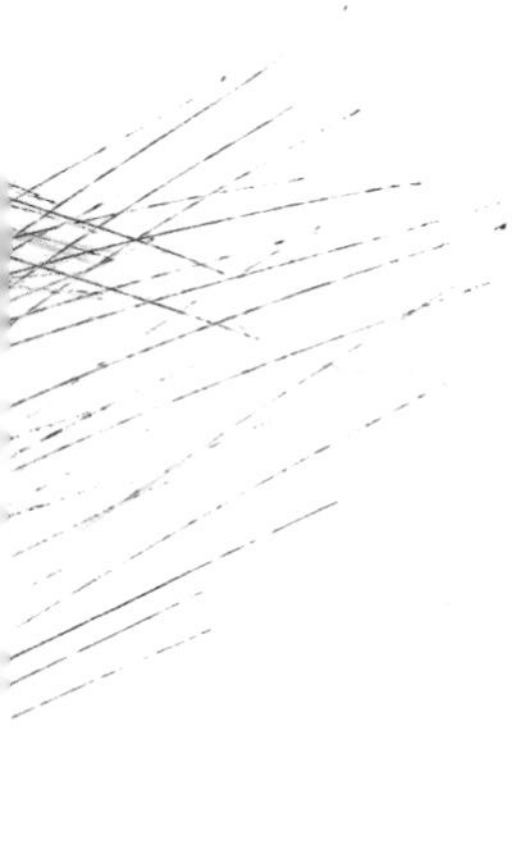

だれもいない島にうまれたから
その鳥をだれもしらない

風紋《ふうもん》

砂漠《さばく》のフクロウがいいました
――夜《よる》はだれも通《とお》りません。

いいえ
月はいいました
――ごらんなさい　風の足跡《あしあと》です。

今夜《こんや》も風が通ります

Ⅲ　すき

すき

うれしい。
と書《か》いてもうれしくないのに
かなしい。
と書いてもかなしくないのに
たっくん
と書いたらなみだがこぼれてきた

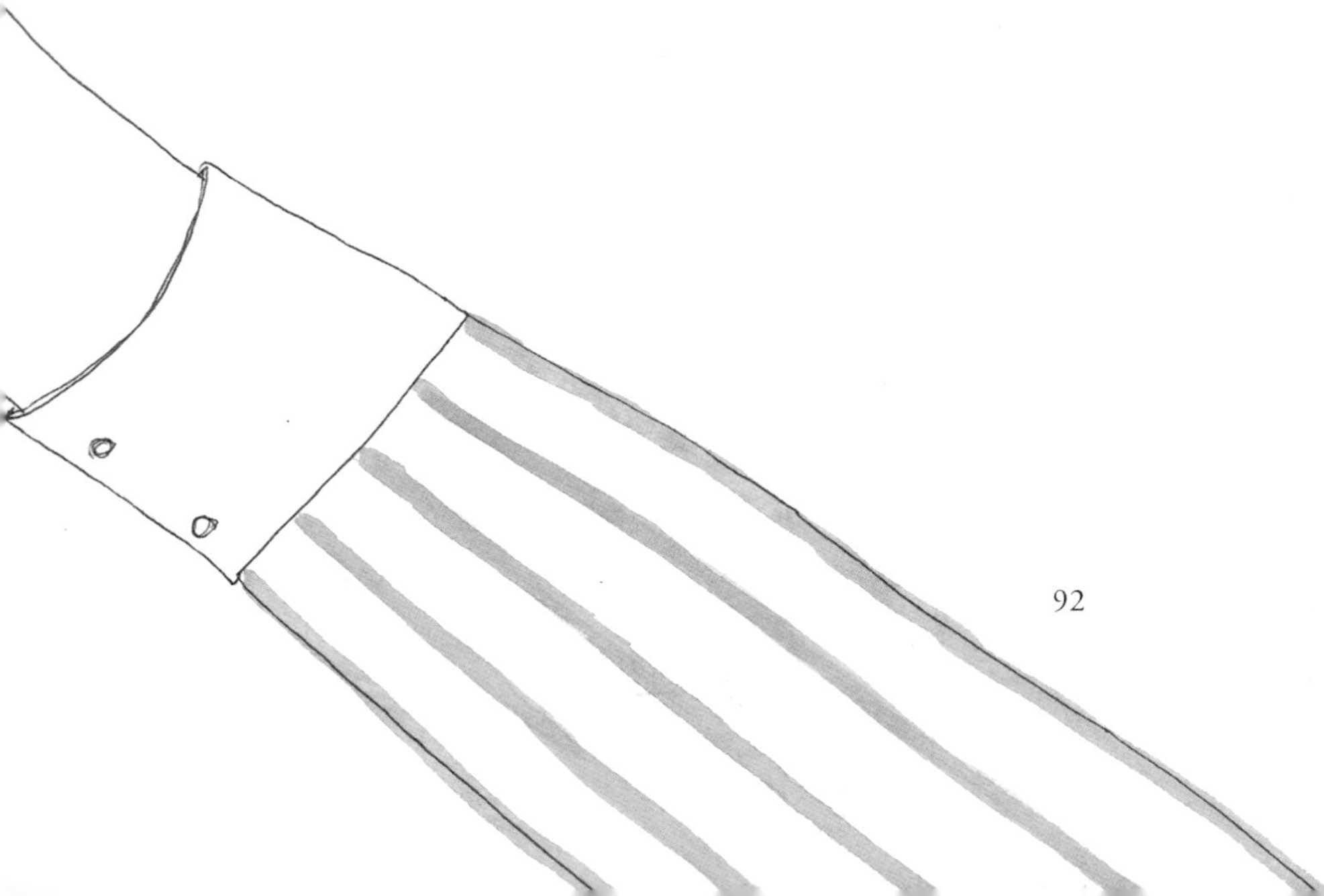

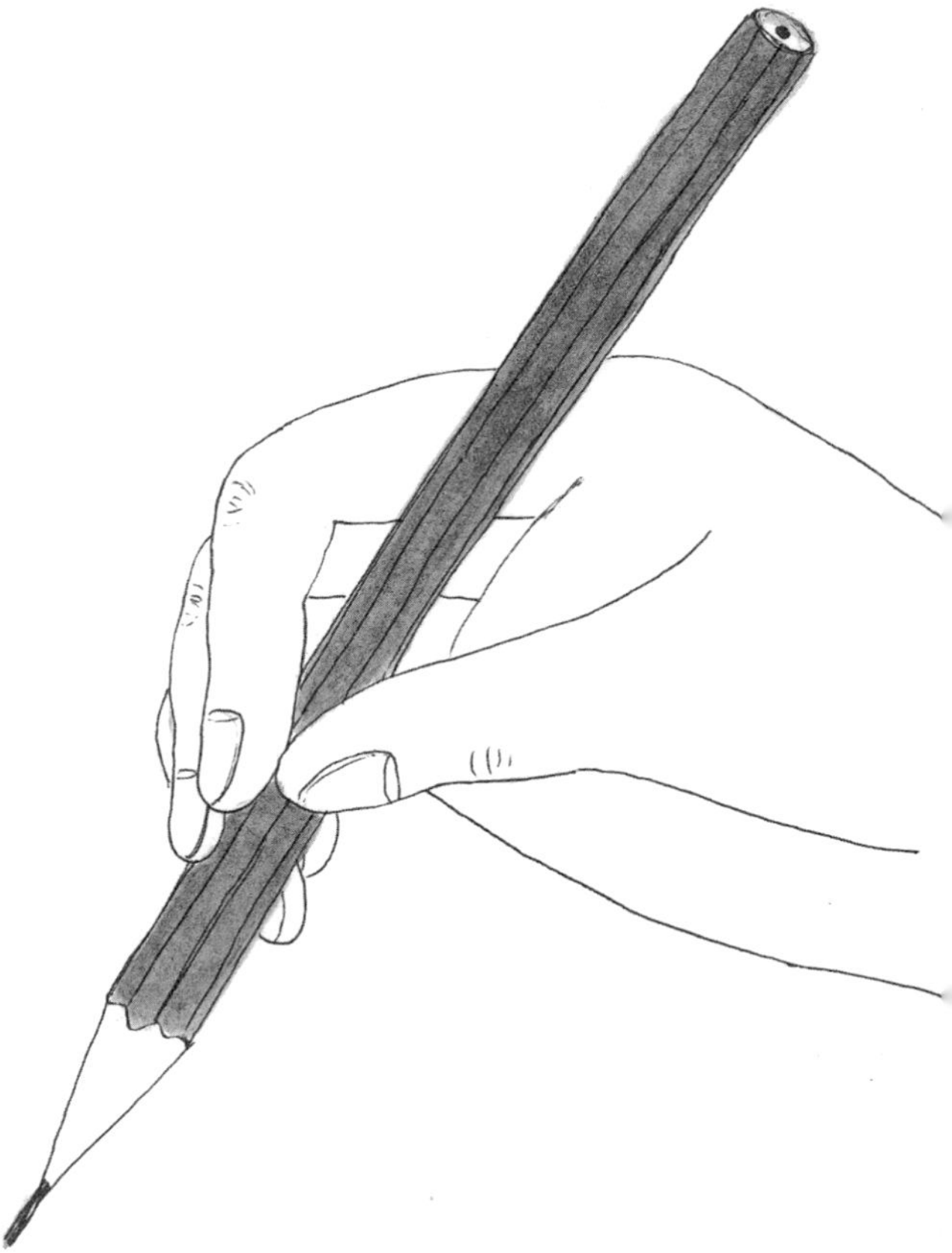

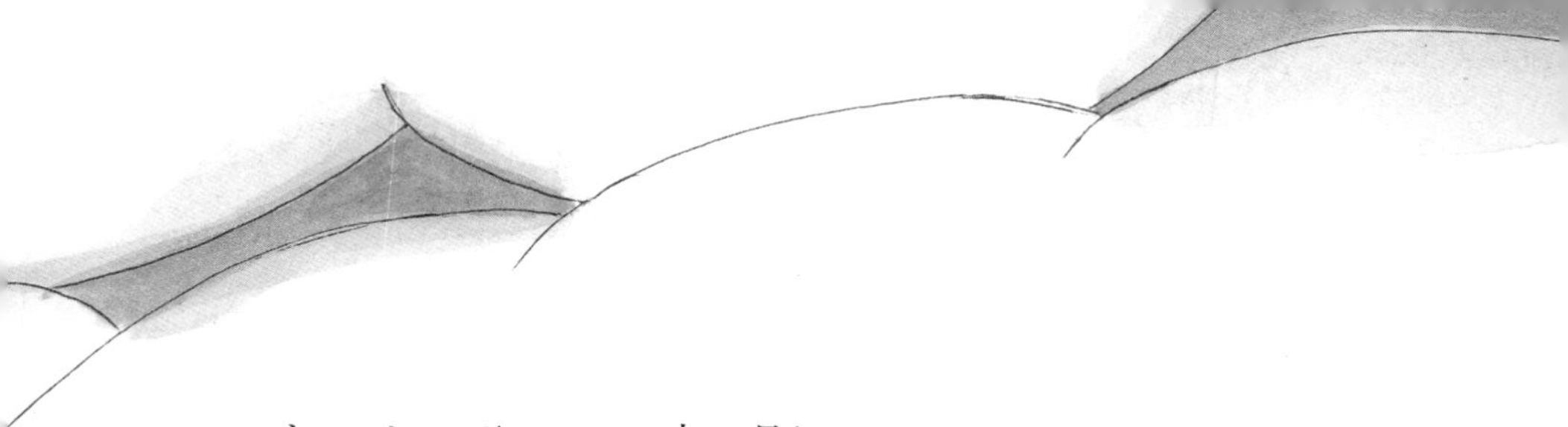

ゆうぐれどき

ゆうぐれどき
町は
空にうかんでいる

ひとはきづかないけれど
やさしいきもちになり
おもいだしている

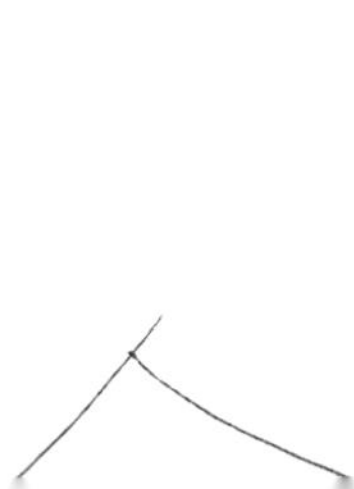

なつかしいひとを
空にうかんでいた少年を

いま

ひとは
昨日《きのう》にいません
昨日のわたしは思い出です

ひとは
明日《あした》にもいません
明日のわたしはまぼろしです

ふいているのは春風《はるかぜ》です
鳴《な》いているのはヒバリです
かけてくるのはあなたです

いま
わたしにむかって

一ねんせい

あさ　おきました。おとうさんと　おかあさんと　あさごはんを　たべました。おしまい。

こくごのじかんに　ひぐちせんせいから　ほめられました。ひるやすみは　ゆうくんと　ひなたぼっこをしました。おしまい。

キングサウルスが　おおきな　くしゃみをしました。でっかいはなくそが　カバのあたまにあたり　カバは　きぜつしました。おしまい。

カバは　三十三ふん十一びょうあとに　きがつきました。もう

キングサウルスは　どこにもいませんでした。おしまい。

海《うみ》

（気のむくままに）
歩《ある》いて行ったら海があった
かなしいことはなにもなかったけれど
ぼくはぼんやり海を見ていた
海もぼくを見ていたのだろうか

帰《かえ》るせなかに声がした
——元気《げんき》でいてね、ぼうや。
だれかの声《こえ》ににていたけれど
だれかはだれか思い出せなかった
とおいむかしに聞《き》いたような

（だれだったのだろう）
家族《かぞく》のアルバムを開《ひら》くと
いちめんに海が広《ひろ》がっていった

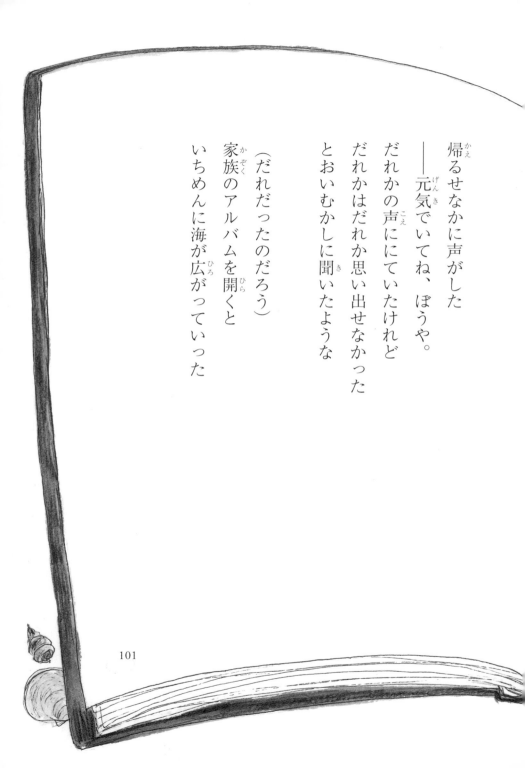

はなよりも

はなは
詩人《しじん》のために　さいているのではありません
ただ　じぶんのために　さいているのです

とりは
詩人のために　うたっているのではありません
ただ　じぶんのために　うたっているのです

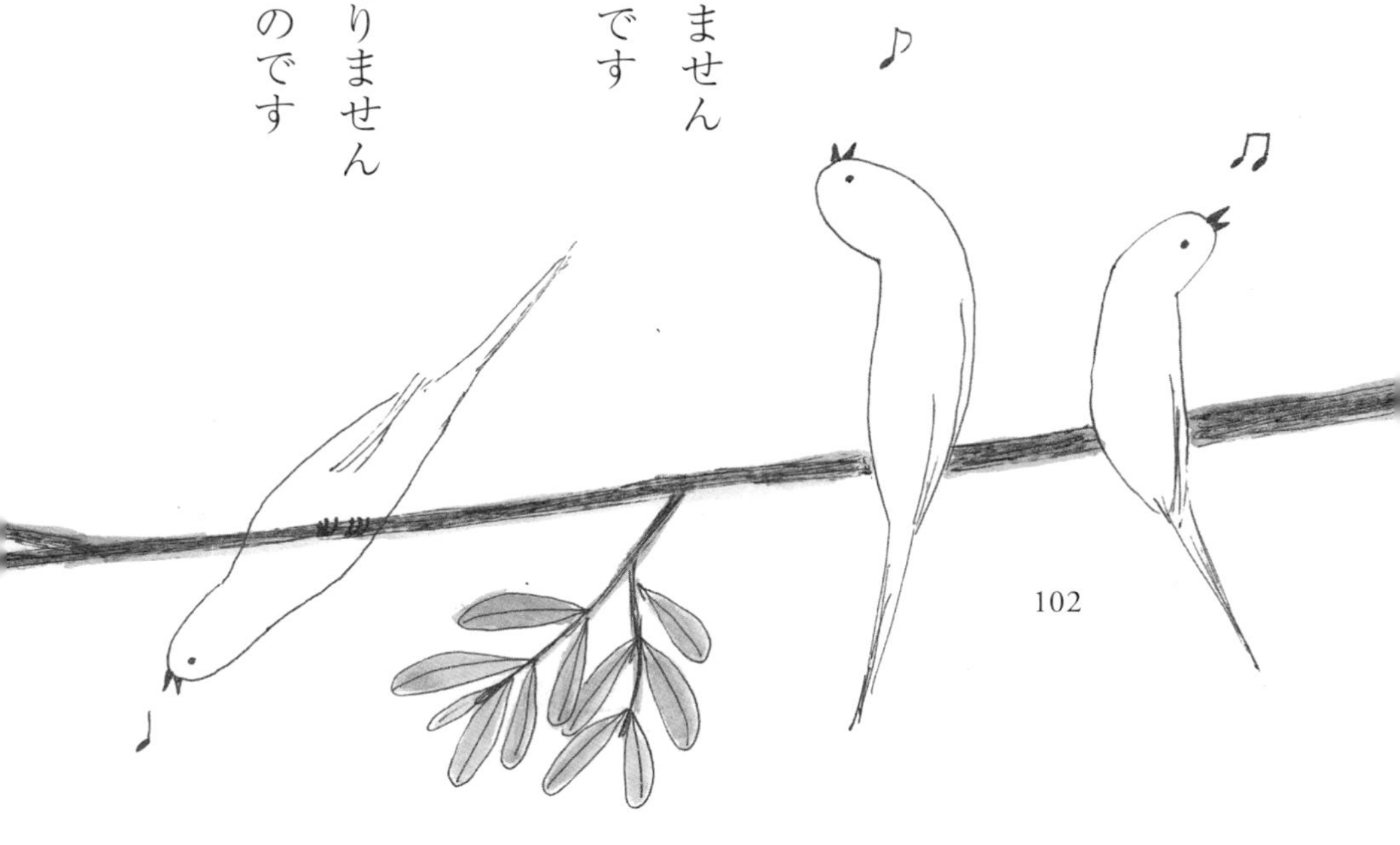

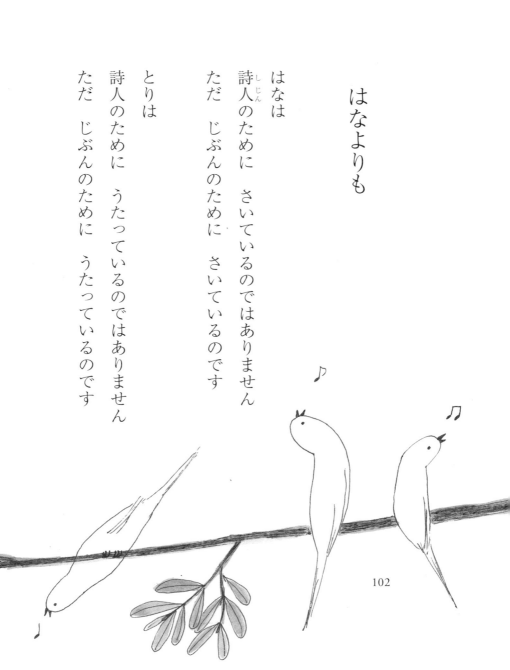

くもは
詩人のために　ういているのではありません
ただ　そこに　ういていただけです
詩人は　ことばをおぼえた　あのひから
たいせつなことを　わすれたのです
はなよりも　ほしよりも　たいせつな
ただかけていた少年《しょうねん》を

ふたつ

もしも
ばばしゃんが
じごくにおちているのなら
ぼくもじごくにおちたい
そこがどんなにつらくても

もしも
うちゅうのちりになっているのなら
ぼくもうちゅうのちりになりたい

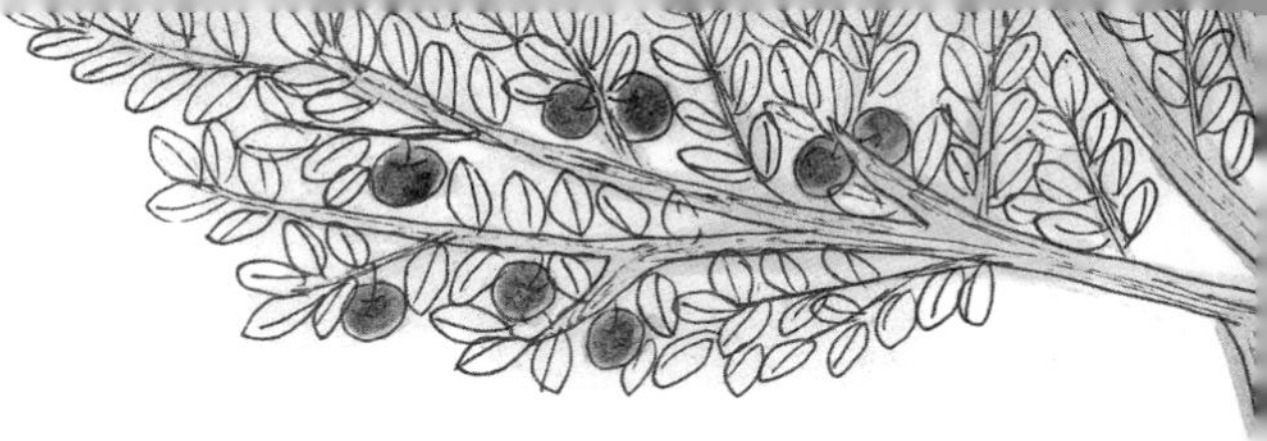

うちゅうはあまりにもひろくて
めぐりあうことがないとしても
おなじすがたでただよっていたい

ふたりが
ふたつになっていても

花《はな》

きみはかけてきた
その花のことをつたえたくて

でもきみのことばはたどたどしくて
きみはそのもどかしさにうつむいた

まるでみてきた花にすまなさそうに
まるでその花をしぼませていくように

でもぼくにはその花がみえていた
かけてきたきみのひとみのなかに
まぶしくさいていたから

夢《ゆめ》の中で

かなしみがつもるとバスに乗《の》った
バスにゆられて帰《かえ》ってきた
なぜかいつもおなじ道順《みちじゅん》で

あれから何年《なんねん》すぎただろうか
町《まち》はすっかり変《か》わったけれど
それでもところどころに
まだ昔《むかし》の面影《おもかげ》も残《のこ》っていて

バスに乗って帰ってきた
母の隣《となり》でゆられてきた
六つのぼくがゆられていた

みさき

まるでだれかがよんだように
麦《むぎ》わら帽子《ぼうし》はとんでいった
夏《なつ》の海《うみ》へ

そんなことも
すっかり忘《わす》れたころ
絵葉書《えはがき》がとどいた

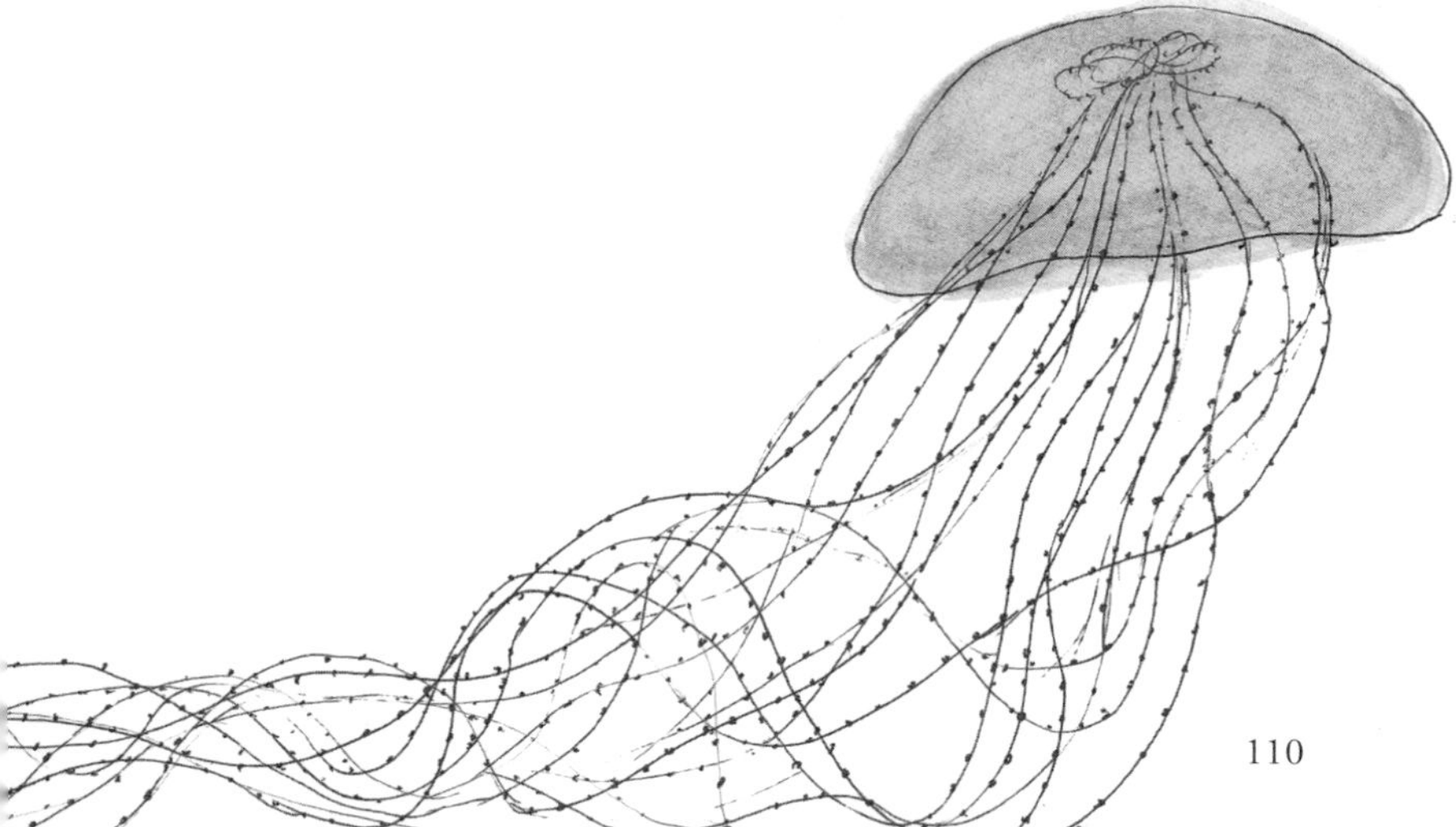

――にいちゃんです。
麦わら帽子がわらっていた
クラゲのとなりで

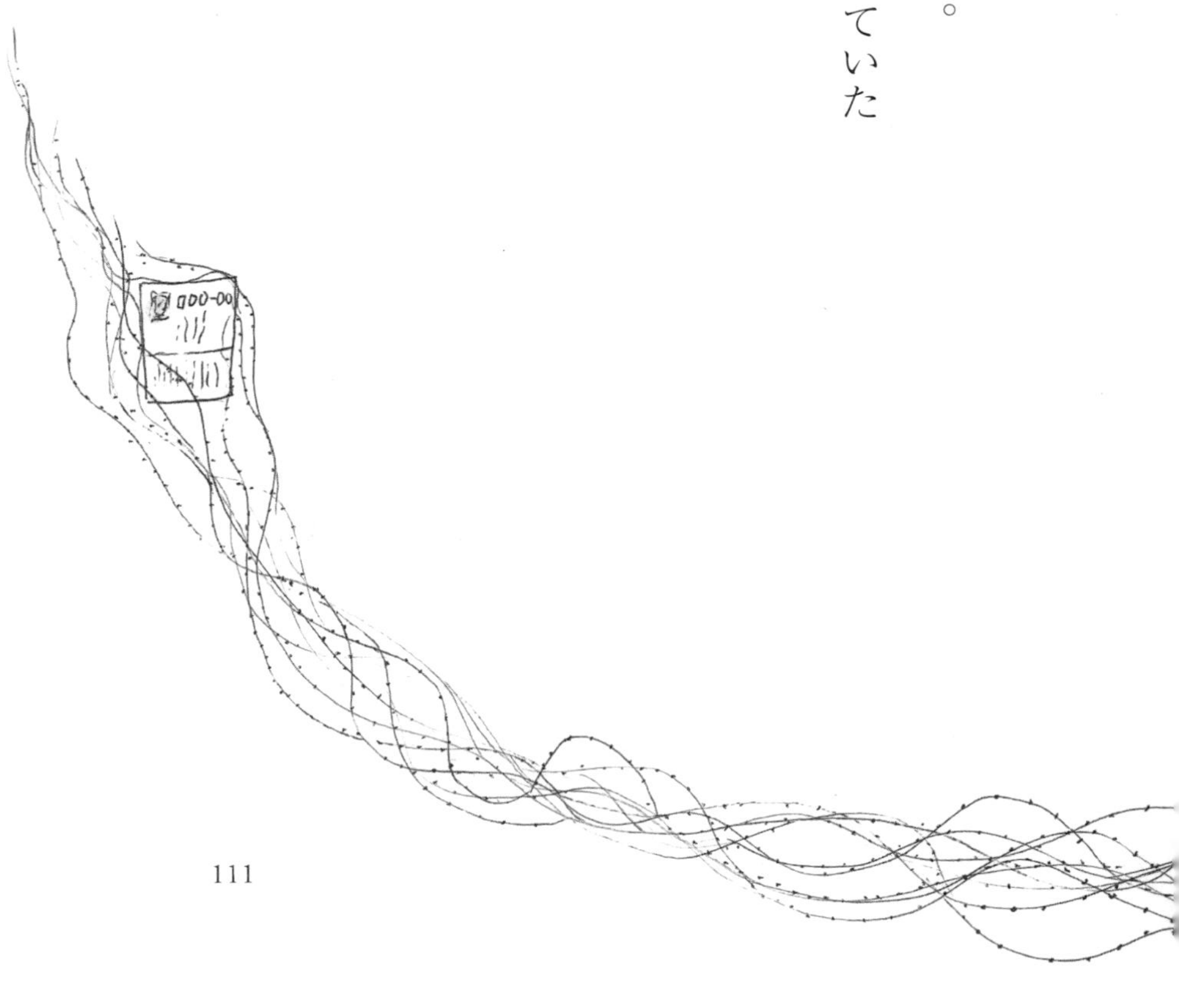

雲《くも》と少年《しょうねん》

川《かわ》は自分《じぶん》の重《おも》さで滝《たき》を落《お》ちる
その悲《かな》しみはだれも知《し》らない
ただ海《うみ》がしょっぱくなるだけ

川は悲しみを海にあずけ
また雲になる
雲は雨になり山《やま》にふる

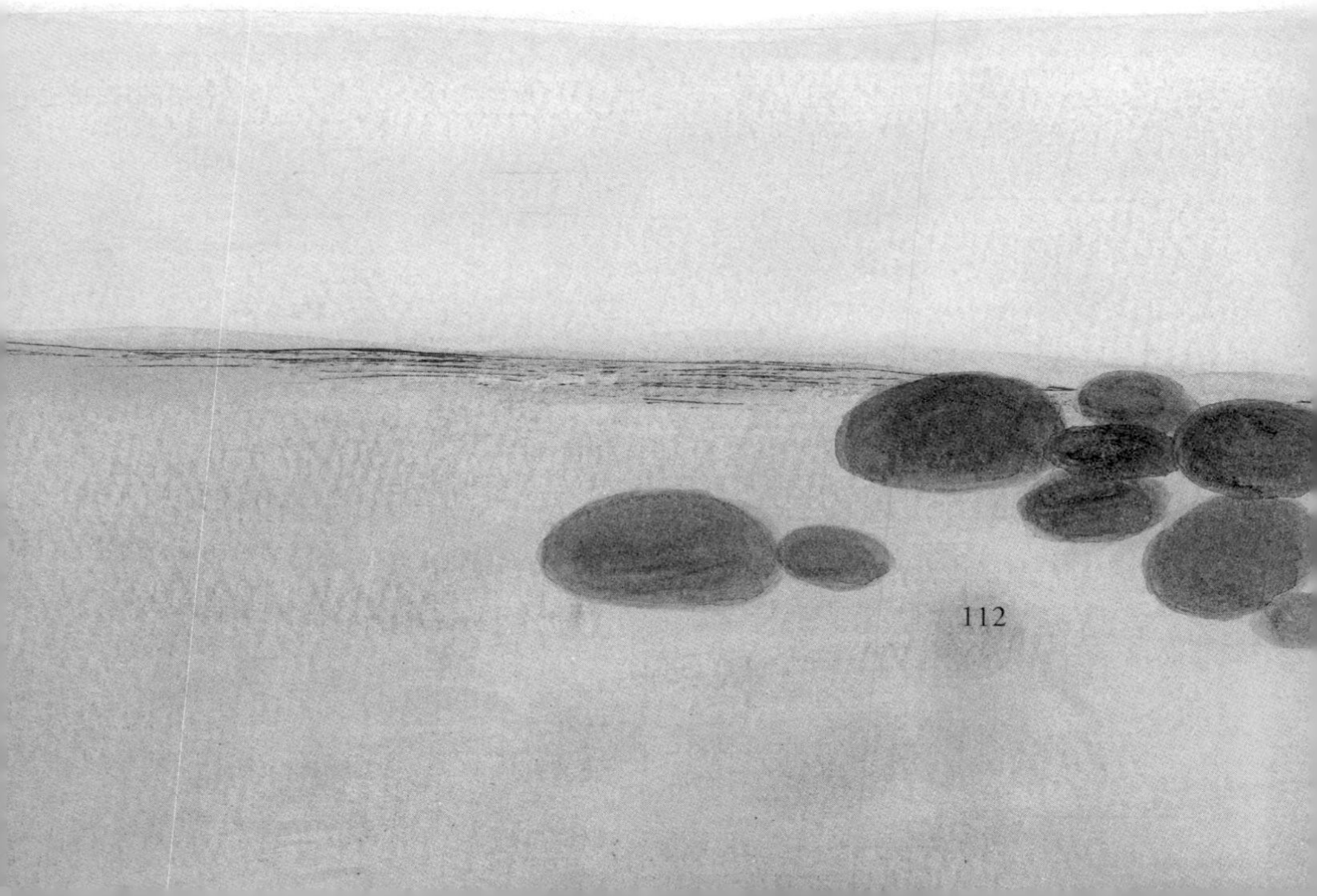

山には山の悲しみがある
けものにはけものの悲しみがある
雲はもうすぐ雨になるだろう
だれにも語《かた》れない悲しみを
少年が雲に語っているから

タンポポ

タンポポはただ咲いていただけです
かきねのかげに

ネコはつんととおりすぎていきました
(たべられねえや)

アリはとおまわりをしていきました
(じゃまなんだよ)

じてんしゃはきがつきもしませんでした
おじいさんはあしをとめ
めをほころばせました
おばあさんをなくし
かなしみでいっぱいだったのに
タンポポはただ咲いていただけです
かきねのかげに

階段《かいだん》

子どもの泣《な》き声《ごえ》が聞《き》こえてくる
それはよくあることなのに
それはなんでもないはずなのに
私《わたし》の中にしゃがみこむ子どもがいる
しゃがみこんで泣きじゃくる子どもがいる
（あれはとおいむかしのことなのだ）
自分《じぶん》にいい聞かせながら目《め》を上《あ》げれば

夕焼《ゆうや》けの階段を上《のぼ》っていく少年《しょうねん》がいる
雲《くも》の彼方《かなた》へ歩《ある》いて行く背中《せなか》がある
（あれはもうとおいむかしのことなのだ）
少年よ
夕焼けの階段を降《お》りてこい
今日《きょう》は祭《まつ》りでやさしい娘《むすめ》が待《ま》っている
私よ。

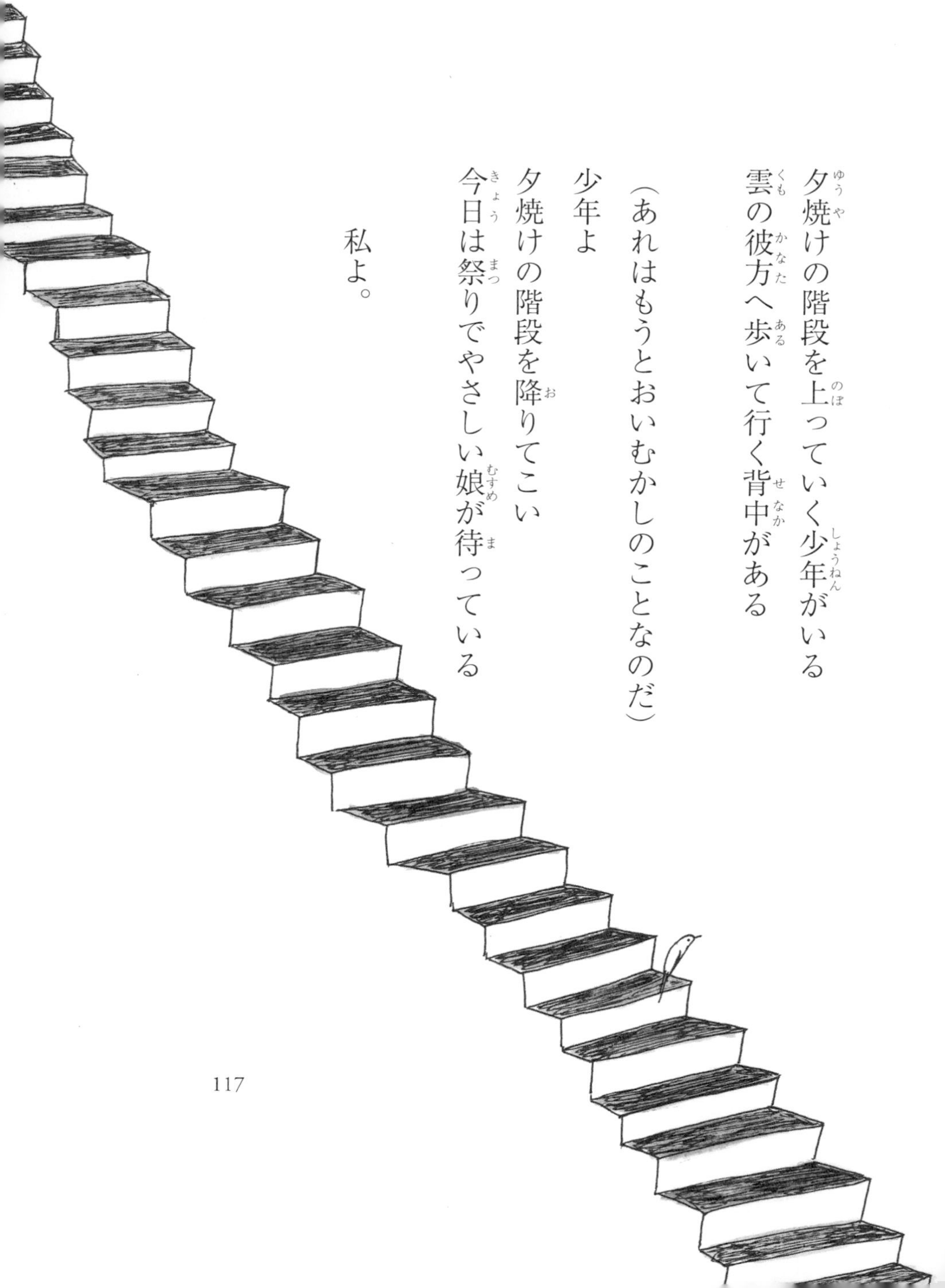

なんども

ふと少年《しょうねん》は雲《くも》に乗《の》ったのだろう
谷底《たにそこ》にたおれていた少年を
ひとは身《み》を投《な》げたというが

それを見ていたのは子猿《こざる》だけだった

つぎの日
子猿は虹《にじ》の橋《はし》を渡《わた》り
少年の友達《ともだち》になっていると

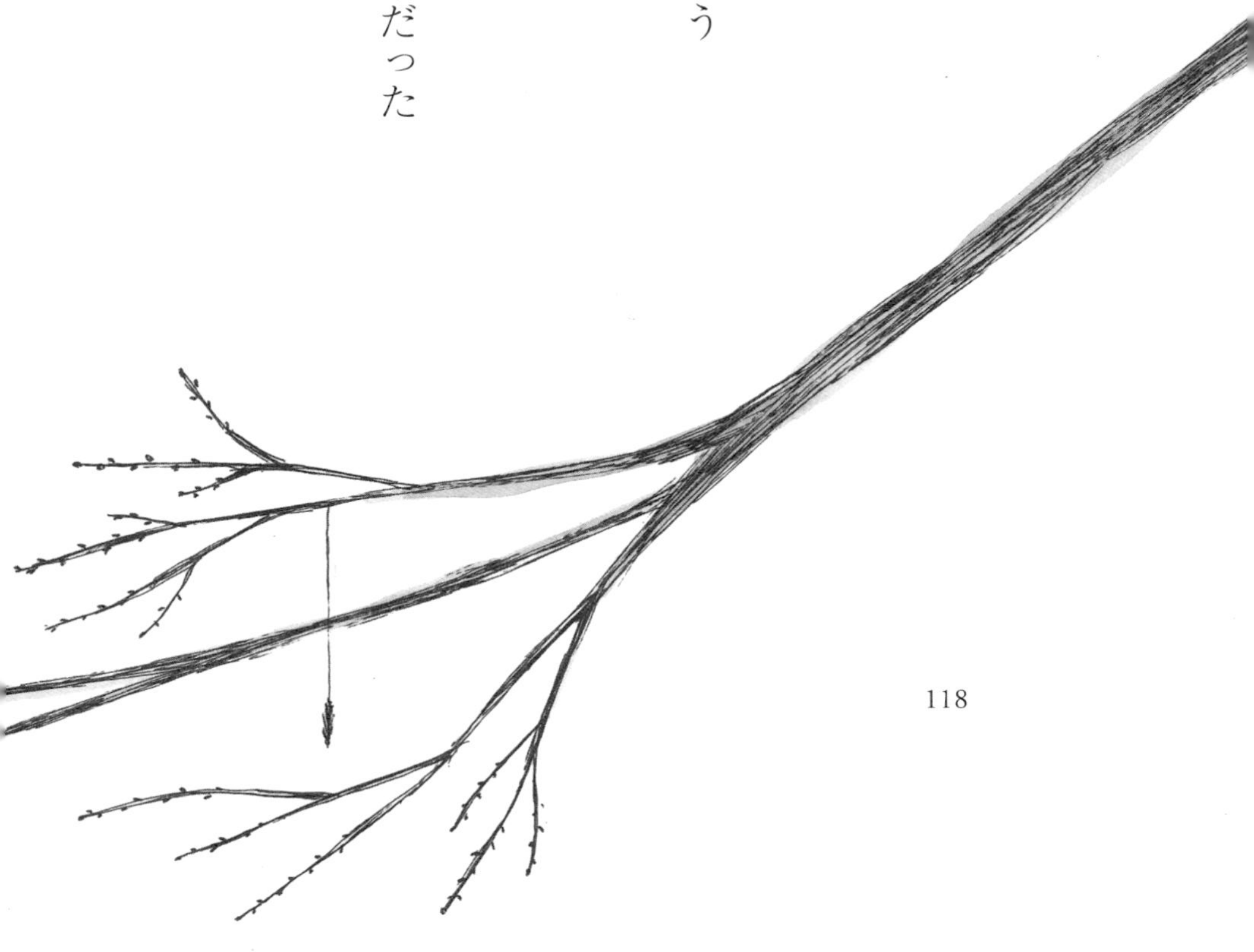

風《かぜ》がおしえてくれた
子猿もまたひとりぼっちだったのだろう
風は渡り鳥《どり》になりながらぼくにさけんだ
――生きてろよー。
――生きてろよー。

風はなんどもぼくをふり返《かえ》ってくれた

言葉《ことば》

生《い》きる希望《きぼう》をさがしていた
希望の言葉をさがしていた
希望の言葉はどこにもなかった
先生《せんせい》といわれるひとの家《いえ》にも

うなだれて帰《かえ》る小道《こみち》に
スイセンが咲《さ》いていた

スイセンは歌《うた》っていた
言葉のない歌を
歌のなかの歌を
春風《はるかぜ》にゆられながら歌っていた

ぼくも歌いながら帰ってきた
言葉のない歌を
歌のなかの歌を

ものがたり

またあのこがうずくまっている
ちいさなひさしのしたで
（ゆきにならなければよいけど）

もうあれから三十ねんもたつのに
まだあのこはうずくまっている
（ゆきがふってきた）

ふゆごもりのくまに
からだをぴったりくっつけ
あのこはねむっている

くまもおとこのこをだきしめ

わたしのもの

少女《しょうじょ》はマンションから
身《み》を投《な》げたのではありません
投げたのは身と心《こころ》です
あまりにも悲《かな》しむ心がつらすぎて

だから
身はほろびても
魂《たましい》は残《のこ》るというのはうそです
だれよりも少女は
身が心を連《つ》れて行《い》くことを知《し》っていましたから
だれよりも

身と心がひとつだと知っていましたから
――身は滅《ほろ》んでも魂は残る。
といいふらすのは
明日《あした》を買《か》いあさる商人《しょうにん》です
いいえ
明日につながるいまを買いあさる商人です
――明日も悲《かな》しい。
と断言《だんげん》して

断言をこばむのはあなたです
明日はわたしのものだからと
だれにもわたしてはいけないものだからと
たったひとつのいのちだから

あとがき

なまこに、ぽんぽんがあるのかどうかはしりません。なんとなくありそうな気がしますが、賢《かしこ》い人に「絶対《ぜったい》ない！」といわれれば……。すごすごすごすご。でも、そんなことはどうでもよくて、まことに愉快《ゆかい》なひびきがしてきます。

なまこのぽんぽん。

なまこのぽんぽん。

まるで春のひなたぼっこのような、カバが空に浮《う》かんでいるような、まんじゅうがぼた餅《もち》に恋《こい》をしているようような。

世間《せけん》にはいろいろな考えがあるでしょうが、なんとなく幸せというのがいちばんではないでしょうか。というわけで、絵は迷《まよ》うことなく大野八生《おおのやよい》さんにお願《ねが》いしました。わたしには七番目の少年詩集です。

ぽんぽん。

二〇一九年　秋の大牟田市動物園《おおむたしどうぶつえん》で

内田麟太郎

詩・内田麟太郎（うちだ　りんたろう）
1941年　福岡県大牟田市生まれ
詩集「うみがわらっている」「まぜごはん」「たぬきのたまご」2018年児童ペン賞大賞　ともに銀の鈴社
詩集「きんじょのきんぎょ」理論社
詩集「ぼくたちはなく」ＰＨＰ研究所　三越左千夫少年詩賞受賞
詩集「しっぽとおっぽ」岩崎書店
絵本「ともだちや」偕成社　ほか
絵本「うし」アリス館
童話「ぶたのぶたじろうさん」クレヨンハウス　ほか多数

絵・大野　八生（おおの　やよい）
千葉県生まれ。
園芸の好きな祖父のもと、子供の頃から植物に親しむ。
造園会社などの植物関係の仕事を経てフリーとなる。
現在、造園家、イラストレーターとして活動。
著書に〈にわのともだち〉〈じょうろさん〉偕成社
〈盆栽えほん〉〈ハーブをたのしむ絵本〉あすなろ書房
〈みんなの園芸店〉福音館書店ほか。

NDC911
神奈川　銀の鈴社　2020
128頁　21cm（なまこのぽんぽん）

ジュニアポエムシリーズ　291
2020年1月29日発行
2020年2月4日重版
本体1,600円＋税

なまこのぽんぽん

著　者　内田麟太郎©　絵・大野八生©
発行者　柴崎聡・西野真由美
編集発行　㈱銀の鈴社　TEL 0467-61-1930　FAX 0467-61-1931
〒248-0017　神奈川県鎌倉市佐助1-10-22佐助庵
http://www.ginsuzu.com
E-mail info@ginsuzu.com

ISBN978－4－86618－074－8　C8092
落丁・乱丁本はお取り替え致します
印刷　電算印刷
製本　渋谷文泉閣

…ジュニアポエムシリーズ…

1 鈴木敏史詩集　宮下琢郎・絵　星の美しい村 ★☆
2 小池知子詩集　高志孝子・絵　おにわいっぱいぼくのなまえ ★☆
3 鶴岡千代子詩集　武田淑子・絵　白い虹 児文芸新人賞
4 楠木しげお詩集　久保雅勇・絵　カワウソの帽子
5 津坂治男詩集　垣内美穂・絵　大きくなったら ★◇
6 後藤れい子詩集　山本まつ子・絵　あくたれぼうずのかぞえうた
7 北村蔦子詩集　柿本幸造・絵　あかちんらくがき
8 吉田瑞穂詩集　吉田翠・絵　しおまねきと少年 ⊠★◎
9 新川和江詩集　葉祥明・絵　野のまつり ★☆
10 阪田寛夫詩集　織茂恭子・絵　夕方のにおい ◈★☆○
11 高田敏子詩集　若山憲・絵　枯れ葉と星 ★☆
12 原田直友詩集　吉田翠・絵　スイッチョの歌 ★◎
13 小林純一詩集　久保雅勇・絵　茂作じいさん ◉★☆♪◎
14 谷川俊太郎詩集　長新太・絵　地球へのピクニック ★◎◇
15 与田準一詩集　深沢省三・深沢紅子・絵　ゆめみることば ★
16 岸田衿子詩集　中谷千代子・絵　だれもいそがない村
17 江間章子詩集　榊原直美・絵　水と風 ◇◎
18 原田直友詩集　小野まり・絵　虹―村の風景― ★
19 福田正夫詩集　福田達夫・絵　星の輝く海 ★☆
20 草野心平詩集　長野ヒデ子・絵　げんげと蛙 ★☆○◇
21 宮田滋子詩集　青木まさる・絵　手紙のおうち ☆○
22 久保田昭三詩集　斎藤彬子・絵　のはらでさきたい
23 鶴岡千代子詩集　加倉井和夫・武田淑子・絵　白いクジャク ★♪
24 尾上尚子詩集　まど・みちお・絵　そらいろのビー玉 ★☆ 児文協新人賞
25 水上紅詩集　深沢紅子・絵　私のすばる ☆
26 野呂昶詩集　福島一二三・絵　おとのかだん ★
27 こやま峰子詩集　武田淑子・絵　さんかくじょうぎ ☆
28 青戸かいち詩集　駒宮録郎・絵　ぞうの子だって
29 まきたかし詩集　福田達夫・絵　いつか君の花咲くとき ★☆♡
30 薩摩忠詩集　駒宮録郎・絵　まっかな秋 ★☆♡
31 新川和江詩集　福島一二三・絵　ヤァ！ヤナギの木 ★☆○♡
32 井上靖詩集　駒宮録郎・絵　シリア沙漠の少年 ★☆♡
33 古村徹三詩・絵　笑いの神さま
34 江上波夫詩集　青空風太郎・絵　ミスター人類 ○☆
35 秋原秀夫詩集　鈴木義治・絵　風の記憶 ★◎
36 水村三千夫詩集　武田淑子・絵　鳩を飛ばす
37 久冨純江詩集　渡辺安芸夫・絵　風車 クッキングポエム
38 日野生三詩集　吉野晃希男・絵　雲のスフィンクス ★
39 佐藤雅子詩集　佐藤太清・広瀬きよみ・絵　五月の風 ★
40 小黒恵子詩集　武田淑子・絵　モンキーパズル ★
41 木村信子詩集　山本典子・絵　でていった
42 中野栄子詩集　吉田翠・絵　風のうた ☆
43 宮田滋子詩集　牧村慶子・絵　絵をかく夕日 ★
44 大久保ティ子詩集　渡辺安芸夫・絵　はたけの詩 ★☆
45 秋原秀夫詩集　赤星亮衛・絵　ちいさなともだち ♥

☆日本図書館協会選定（2015年度で終了）　♪日本童謡賞　♧岡山県選定図書　◇岩手県選定図書
★全国学校図書館協議会選定（SLA）　♡日本子どもの本研究会選定　◆京都府選定図書
□少年詩賞　■茨城県すいせん図書　♥秋田県選定図書　⊠芸術選奨文部大臣賞
○厚生省中央児童福祉審議会すいせん図書　♣愛媛県教育会すいせん図書　◉赤い鳥文学賞　◈赤い靴賞

…ジュニアポエムシリーズ…

✲サトウハチロー賞　✣毎日童謡賞
☼三木露風賞
♤福井県すいせん図書
▲神奈川県児童福祉審議会推薦優良図書
♠奈良県教育研究会すいせん図書
♧北海道選定図書　✾三越左千夫少年詩賞
❖静岡県すいせん図書
◎学校図書館図書整備協会選定図書（SLBA）

…ジュニアポエムシリーズ…

91 新井 和・詩集 高田 三郎・絵 おばあちゃんの手紙 ☆★
92 はなわたえこ・詩集 えばとかつこ・絵 みずたまりのへんじ ★♪
93 柏木恵美子・詩集 武田 淑子・絵 花のなかの先生 ☆
94 中原千津子・詩集 寺内 直美・絵 鳩への手紙 ★
95 高瀬美代子・詩集 小倉 玲子・絵 仲なおり ★
96 杉本深由起・詩集 若山 憲・絵 トマトのきぶん ☆★◎ 児文芸新人賞
97 宍倉さとし・詩集 守下さおり・絵 海は青いとはかぎらない ♧
98 石井 英行・詩集 有賀 忍・絵 おじいちゃんの友だち ■
99 なかのひろ・詩集 アサト・シェラ・絵 とうさんのラブレター ☆★
100 小松 静江・詩集 藤川 秀之・絵 古自転車のバットマン
101 石原 一輝・詩集 加藤 真夢・絵 空になりたい ☆✣★
102 小泉 周二・詩集 西 真里子・絵 誕生日の朝 ☆■★
103 くすのきしげのり童謡 わたなべあきお・絵 いちにのさんかんび ☆★
104 成本 和子・詩集 小倉 玲子・絵 生まれておいで ☆★♡♧✣
105 伊藤 政弘・詩集 小倉 玲子・絵 心のかたちをした化石 ★

106 川崎 洋子・詩集 井戸 妙子・絵 ハンカチの木 □★☆
107 柘植 愛子・詩集 油野 誠一・絵 はずかしがりやのコジュケイ ✣
108 新谷智恵子・詩集 葉 祥明・絵 風をください ☆◈○♪♡✣
109 金親 尚子・詩集 牧 進・絵 あたたかな大地 ☆
110 黒柳 啓子・詩集 吉田 翠・絵 父ちゃんの足音 ☆★♡□
111 富田 栄子・詩集 油野 誠一・絵 にんじん笛 ♡☆
112 原 国子・詩集 高畠 純・絵 ゆうべのうちに ☆△
113 宇部 京子・詩集 スズキコージ・絵 よいお天気の日に ○□♪☆◇★
114 武鹿 悦子・詩集 牧野 鈴子・絵 お花見 ☆□
115 山本なおこ・詩集 梅田 俊作・絵 さりさりと雪の降る日 ☆★
116 小林比呂古・詩集 おおた慶文・絵 ねこのみち ☆
117 後藤れい子・詩集 渡辺あきお・絵 どろんこアイスクリーム ☆
118 重清 良吉・詩集 高田 三郎・絵 草の上 ☆□❀◆★
119 宮中 雲子・詩集 西 真里子・絵 どんな音がするでしょか ✲★
120 前山 敬子・詩集 若山 憲・絵 のんびりくらげ ☆★

121 川端 律子・詩集 若山 憲・絵 地球の星の上で ♡
122 たかはしけいこ・詩集 織茂 恭子・絵 とうちゃん ♡❀♣★
123 宮田 滋子・詩集 深澤 邦朗・絵 星の家族 ☆♪
124 国沢たまき・詩集 唐沢 静・絵 新しい空がある
125 池田あきつ・詩集 小倉 玲子・絵 かえるの国 ★
126 黒田 恵子・詩集 倉島千賀子・絵 ボクのすきなおばあちゃん ☆★♡
127 垣内 磯子・詩集 宮崎 照代・絵 よなかのしまうまバス ☆♡★
128 小泉 周二・詩集 佐藤 平八・絵 太陽へ ❀★♪☆♡
129 中島 和子・詩集 秋里 信子・絵 青い地球としゃぼんだま ☆★
130 のろさかん・詩集 福島一二三・絵 天のたて琴 ☆
131 加藤 丈夫・詩集 葉 祥明・絵 ただ今受信中 ☆★
132 北原 悠子・詩集 深沢 紅子・絵 あなたがいるから ♡
133 池田もと子・詩集 小倉 玲子・絵 おんぷになって ♡
134 鈴木 初江・詩集 吉田 翠・絵 はねだしの百合 ★
135 垣内 磯子・詩集 今井 俊・絵 かなしいときには ★

△長野県教育委員会すいせん図書　✡㈶日本動物愛護協会推薦図書
◈茨城県推奨図書　●児童ペン賞

…ジュニアポエムシリーズ…

…ジュニアポエムシリーズ…

181	新谷智恵子詩集 徳田徳志芸・絵	とびたいペンギン	佐世保文学賞 ♡★◎▲
182	牛尾良子詩集 牛尾征治・写真	庭のおしゃべり	♡★◎
183	三枝ますみ詩集 髙見八重子・絵	サバンナの子守歌	☆★
184	佐藤雅子詩集 佐藤太清 菊池治子・絵	空の牧《まき》場《ば》	☆★♡■◎◈
185	山内弘子詩集 おぐらひろかず・絵	思い出のポケット	♡★♪
186	山内弘子詩集 阿見みどり・絵	花の旅人	♡★▲
187	原国子詩集 牧野鈴子・絵	小鳥のしらせ	♡★△◎
188	人見敬子詩・絵	方《はこ》舟《ぶね》地球号 ―いのちは元気―	♡★◎
189	林佐知子詩集 串田敦子・絵	天にまっすぐ	★☆♡◎
190	小臣富子詩集 渡辺あきお・絵	わんさかわんさかどうぶつさん	✡♡★◎
191	川越文子詩集 かまだちえみ・写真	もうすぐだからね	♡★◎
192	永田喜久男詩集 武田淑子・絵	はんぶんごっこ	☆★◎♡
193	吉田房子詩集 大和田明代・絵	大地はすごい	★◎♡▲
194	石井春香詩集 髙見八重子・絵	人魚の祈り	★♡
195	石原一輝詩集 小倉玲子・絵	雲のひるね	♡
196	たかはしけいこ詩集 髙橋敏彦・絵	そのあと ひとは	★
197	宮田滋子詩集 おおた慶文・絵	風がふく日のお星さま	★♡◎
198	渡辺恵美子詩集 つるみゆき・絵	空をひとりじめ	★♡♪
199	宮中雲子詩集 西真里子・絵	手と手のうた	★
200	杉本深由起詩集 太田大八・絵	漢字のかんじ	★♡✿
201	井上灯美子詩集 唐沢静・絵	心の窓が目だったら	★♡
202	峰松晶子詩集 おおた慶文・絵	きばなコスモスの道	★♡
203	高橋文子詩集 山中桃子・絵	八丈太鼓	★♡
204	長野貴子詩集 武田淑子・絵	星座の散歩	★♡
205	江口正子詩集 髙見八重子・絵	水の勇気	♡☆★
206	藤本美智子詩・絵	緑のふんすい	☆♡★
207	林佐知子詩集 串田敦子・絵	春はどどど	♡★◎
208	小関秀夫詩集 阿見みどり・絵	風のほとり	☆♡★▲
209	宗美津子詩集 宗信寛・絵	きたのもりのシマフクロウ	♡★
210	かわてせいぞう詩集 髙橋敏彦・絵	流れのある風景	☆♡★
211	土屋律子詩集 高瀬のぶえ・絵	ただいまぁ	★♡☆◎▲
212	永田喜久男詩集 武田淑子・絵	かえっておいで	☆♡★
213	みたみちこ詩集 牧進・絵	いのちの色	♡★
214	糸永えつこ詩集 糸永わかこ・絵	母です 息子です おかまいなく	♡☆★
215	宮田滋子詩集 武田淑子・絵	さくらが走る	♡☆★♪
216	柏木恵美子詩集 吉野晃希男・絵	ひとりぼっちの子クジラ	♡★◎
217	江口正子詩集 髙見八重子・絵	小さな勇気	♡☆★
218	井上灯美子詩集 唐沢静・絵	いろのエンゼル	★♡
219	中島あやこ詩集 日向山寿十郎・絵	駅伝競走	★☆♡
220	高橋孝治詩集 髙見八重子・絵	空の道 心の道	★♡
221	江口正子詩集 日向山寿十郎・絵	勇気の子	♡☆★
222	宮田滋子詩集 牧野鈴子・絵	白鳥よ	☆★
223	井上良子詩集 銅版画	太陽の指環	★
224	川越文子詩集 山中桃子・絵	魔法のことば	♡☆★
225	西本みさこ詩集 上司かのん・絵	いつもいっしょ	☆♡

…ジュニアポエムシリーズ…

- 226 おばらいちこ詩集 髙見八重子・絵 ぞうのジャンボ ☆★♡
- 227 吉田房子詩集 本田あまね・絵 まわしてみたい石臼 ★♡
- 228 吉田房子詩集 阿見みどり・絵 花 詩 集 ★♡◎
- 229 田中たみ子詩集 唐沢静・絵 へこたれんよ ★◎
- 230 林佐知子詩集 串田敦子・絵 この空につながる ★♡
- 231 藤本美智子 詩・絵 心のふうせん ★♡
- 232 火星雅範詩集 西川律子・絵 ささぶねうかべたよ ★♡▲
- 233 吉田房子詩集 岸田歌子・絵 ゆりかごのうた ★♡
- 234 むらかみみちこ詩集 むらかみみちこ むらかみあくる・絵 風のゆうびんやさん ★♡
- 235 白谷玲花詩集 阿見みどり・絵 柳川白秋めぐりの詩 ★♡
- 236 ほさかとしこ詩集 内山つとむ・絵 神さまと小鳥 ★☆♡
- 237 内田麟太郎詩集 長野ヒデ子・絵 まぜごはん ☆★◎♡▲
- 238 小林比呂古詩集 出口雄大・絵 きりりと一直線 ♡★
- 239 牛尾良子詩集 おぐらひろかず・絵 うしの土鈴とうさぎの土鈴 ★◎♡
- 240 山本純子詩集 ルイコ・絵 ふ ふ ふ ★♡☆◎
- 241 神田亮 詩・絵 天使の翼 ★☆♡
- 242 かんざわみえ詩集 阿見みどり・絵 子供の心大人の心さ迷いながら ☆★◎▲
- 243 永田喜久男詩集 内山つとむ・絵 つながっていく ★☆♡
- 244 浜野木碧 詩・絵 海原散歩 ☆★◎♡
- 245 やまうち・しゅうへい詩集 山本省三・絵 風のおくりもの ☆★◎♡
- 246 すぎもとれいこ 詩・絵 てんきになあれ ★◎
- 247 冨岡みち詩集 加藤真夢・絵 地球は家族 ひとつだよ ♡☆◎★
- 248 北野千賀詩集 滝波裕子・絵 花束のように ♡☆★◎
- 249 石原一輝詩集 加藤真夢・絵 ぼくらのうた ♡★◎
- 250 土屋律子詩集 高瀬のぶえ・絵 まほうのくつ ♡☆★◎▲
- 251 津坂治男詩集 井上良子・絵 白い太陽 ☆♡★◎
- 252 石井英行詩集 よしだちなつ・表紙絵 野原くん ☆★♡◎▲
- 253 井上灯美子詩集 唐沢静・絵 たからもの ☆♡★
- 254 大竹典子詩集 加藤真夢・絵 おたんじょう ☆★
- 255 たかはしけいこ詩集 織茂恭子・絵 流 れ 星 ★♡
- 256 谷川俊太郎詩集 下田昌克・絵 そ し て ♡★◎
- 257 なんば・みちこ詩集 布下満・絵 トックントックン 大空で大地で ★◎
- 258 宮本美智子詩集 阿見みどり・絵 夢の中に、そっと ★◎♡
- 259 成本和子詩集 阿見みどり・絵 天使の梯子 ★◎
- 260 海野文音詩集 牧野鈴子・絵 ナンドデモ ★♡
- 261 熊谷本郷詩集 永田萠・絵 かあさん かあさん ★♡
- 262 大楠翠詩集 吉野晃希男・絵 おにいちゃんの紙飛行機 ★♡♪
- 263 久保恵子詩集 たかせちなつ・絵 わたしの心は 風に舞う ★♡
- 264 みずかみさやか詩集 葉祥明・絵 五月の空のように ★♡
- 265 尾崎昭代詩集 中辻アヤ子・絵 たんぽぽの日 ★
- 266 はやしゆみ詩集 渡辺あきお・絵 わたしはきっと小鳥 ★
- 267 田沢節子詩集 永田萠・絵 わき水ぷっくん △★♡
- 268 柘植愛子詩集 そねはらまさえ・絵 赤いながぐつ ★♡
- 269 馬場与志子詩集 日向山寿十郎・絵 ジャンケンポンでかくれんぼ ♡★
- 270 内田麟太郎詩集 高畠純・絵 たぬきのたまご ★●♡

…ジュニアポエムシリーズ…

＊刊行の順番はシリーズ番号と異なる場合があります。

ジュニアポエムシリーズは、子どもにもわかる言葉で真実の世界をうたう個人詩集のシリーズです。

本シリーズからは、毎回多くの作品が教科書等の掲載詩に選ばれており、1974年以来、全国の小・中学校の図書館や公共図書館等で、長く、広く、読み継がれています。

心を育むポエムの世界。

一人でも多くの子どもや大人に豊かなポエムの世界が届くよう、ジュニアポエムシリーズはこれからも小さな灯をともし続けて参ります。

銀の小箱シリーズ

- 葉 祥明 詩・絵　小さな庭
- 若山 憲 詩・絵　白い煙突
- こばやしひろこ・詩 うめざわのりお・絵　みんななかよし
- 江口 正子・詩 油野 誠一・絵　みてみたい
- やなせたかし 詩・絵　あこがれよなかよくしよう
- 冨岡 みち・詩 関口 コオ・絵　ないしょやで
- 小林比呂古・詩 神谷 健雄・絵　花かたみ
- 小泉 周二・詩 辻 友紀子・絵　誕生日・おめでとう
- 柏原 耿子・詩 阿見みどり・絵　アハハ・ウフフ・オホホ★♡▲
- こばやしひろこ・詩 うめざわのりお・絵　ジャムパンみたいなお月さま★▲

銀の鈴文庫

- 小沢 千恵・詩 下田 昌克・絵　あのこ♡▲

すずのねえほん

- たかはしけいこ・詩 中釜浩一郎・絵　わたし★◎
- 尾上 尚子・詩 小倉 玲子・絵　ぽわぽわん
- 糸永えつこ・詩 高見八重子・絵　はるなつあきふゆもうひとつ★ 児文芸新人賞
- 山口 敦子・詩 高橋 宏幸・絵　ばあばとあそぼう
- あらい・まさはる・童謡 しのはらはれみ・絵　けさいちばんのおはようさん
- 佐藤 雅子・詩 佐藤 太清・絵　こもりうたのように♪ 美しい日本の12ヵ月 日本童謡賞
- 柏木 隆雄・詩 やなせたかし他・絵　かんさつ日記★♡

アンソロジー

- 渡辺 浦人・編 村上 保・絵　赤い鳥 青い鳥♪
- わたげの会・編 渡辺あきお・絵　花ひらく★
- 木曜会・編 西 真里子・絵　いまも星はでている★
- 木曜会・編 西 真里子・絵　いったりきたり♡
- 木曜会・編 西 真里子・絵　宇宙からのメッセージ
- 木曜会・編 西 真里子・絵　地球のキャッチボール★◎
- 木曜会・編 西 真里子・絵　おにぎりとんがった☆★◎
- 木曜会・編 西 真里子・絵　みぃーつけた♡★◎
- 木曜会・編 西 真里子・絵　ドキドキがとまらない
- 木曜会・編 西 真里子・絵　神さまのお通り★
- 木曜会・編 西 真里子・絵　公園の日だまりで★♡
- 木曜会・編 西 真里子・絵　ねこがのびをする♡★

掌の本 アンソロジー

- こころの詩 I
- しぜんの詩 I
- いのちの詩 I
- ありがとうの詩 I
- 詩集 希望
- 詩集 家族
- いのちの詩集―いきものと野菜
- ことばの詩集―方言と手紙
- 詩集―夢・おめでとう
- 詩集―ふるさと・旅立ち

心に残る本を　そっとポケットに　しのばせて…
・A7判（文庫本の半分サイズ）　・上製、箔押し